Reflexiones para Venezuela

Rosalía Moros de Borregales

Reflexiones para Venezuela

Rosalía Moros de Borregales

 Editorial ATEPROCA

Reflexiones para Venezuela

Autora:
Lic. Rosalía Moros de Borregales

Ilustraciones: Cecilia Moros M, Andrea Doval V.

Derechos reservados

Depósito Legal lf63420119204109
ISBN 978-980-6905-83-2
Editorial ATEPROCA C.A., Caracas,   Telefs.+58-212-793.5103
                                    Fax:+58-212-781.1737

www.ateproca.com
E-mail: ateproca@gmail.com

Impreso en Caracas, Venezuela
Primera edición:

500 ejemplares diciembre 2011

Contenido

Biografía	V
Prólogo	VII
Presentación	IX
Dedicatoria	X
Comentarios a los artículos publicados en El Universal	XI

Sobre la familia

Como los dedos de la mano	1
Construir lo más importante	5
Enamorados por siempre	9
Madres que oran	13
Mi personaje inolvidable	17
Mi viaje a la Tierra	21
Momentos	27
Tus hijos, tu obra maestra	31
Cuando ya te amaba	35
Decirte tres cosas	39
Tu tesoro más preciado	41

Sobre experiencias de vida

Cuando a la gente buena le suceden cosas malas	47
Cuando la gracia de Dios me alcanzó	51
Un amigo como un hermano. José Dovo V.	55
Tesoros escondidos de nuestra Patria	59
El llanto se convertirá en gozo	63
El perdón hace el camino	67
Escogí la paz, no sé hasta cuando	71
Amigos que dejan huellas	75
Cosas buenas que pasan en nuestro país	79
Vencieron al horror	83

Sobre las virtudes

La perseverancia	89
La bondad	93
La integridad tiene recompensa	97
El arte de la paciencia	101
Una misma oportunidad, dos actitudes diferentes	105
El David que venció a Goliat	109
La trascendencia de las palabras	113
Fe para una nación	117

Contenido

Se busca gente ordinaria para hacer un trabajo extraordinario	121
Reconstruir	125
Conquistando el corazón de Dios	129
Reconciliación	133
De todas maneras	139
Persuadir ¿A qué precio?	143
El mejor equipo para Venezuela	147

Sobre los desaciertos humanos

¿Quién te condena?	153
Desde el corazón de una madre venezolana al Presidente	157
¿A quién iremos?	161
Cuando el dolor es en el alma	165
El perfil del mal	169
El valor de la vida	173
La vara de la justicia	177
Quisiera saber, Señor Presidente	181
Vivir sin miedo	185
Más que pajarillos	187
Una voz que clama en el desierto	191
Lo que hay en el corazón determina lo que somos	193
Presidente, no hay integridad en un cambio sin arrepentimiento	197

Sobre Dios y su relación con nosotros

El Príncipe de paz	203
Agua fresca en el desierto	207
Y tomó del agua viva	211
Y el agua sació a muchos	215
Si tan solo tocare su manto.	219
Su amor sobrepasa todo entendimiento	223
Sorprendidos por lo inesperado	227
Restaurando los muros	231
¿Qué quieres que te haga?	235
En tu nombre echaré la red	239
La tormenta	243
En el foso de los leones	247
Lo poco es mucho en las manos de Dios	251
Nuestro refugio	255
Una misión para los llamados cristianos	259
Creados con un propósito	263
Una oración que cambió un destino	267

Biografía

Lic. Rosalía M. Moros de Borregales

Nace en Caracas el 6 de abril de 1964. Culmina sus estudios de secundaria en Caracas. Egresada Cum Laude de la Universidad Metropolitana como Lic. en Idiomas Modernos, presentando una tesis con mención honorífica titulada "Estudios basados en Competencias ".

Rosalía ha trabajado como Instructora de Español y entre sus actividades relevantes destacan el haber recibido el Premio de "Outstanding Teacher" otorgado por la Embajada Americana por su extraordinaria labor en la enseñanza del Español en esa sede.

Durante muchos años Rosalía ha impartido talleres y cursos a diversas instituciones y empresas como una herramienta para motivar y orientar grupos hacia el trabajo en equipo basado en competencias y el fortalecimiento de valores.

Igualmente desde el año 2004 ha escrito para El Universal On Line, artículos que han recibido críticas constructivas no solo por la profundidad de su contenido sino por la manera reflexiva de sus palabras. En momentos difíciles como los que atraviesa Venezuela Rosalía sigue apostando porque la constancia, la palabra sabia, la transparencia y la honestidad puedan brindarle a nuestro país herramientas para transitar por "nuevos caminos" de progreso, paz, seguridad y confianza.

Biografía

      Este libro, que recoge esos artículos, es la materialización de uno de los proyectos que Rosalía se ha trazado en su vida. Cada página está llena de reflexión y del inmenso deseo, por parte de la autora, para inspirarlo en su vida, para profundizar su relación con su familia y para que en definitiva Dios pueda guiar sus pasos.

      Dr. Leonardo Borregales Contreras

Prólogo

Para mí, en nombre de Editorial Ateproca, es un placer y un privilegio prologar el libro "Reflexiones para Venezuela" que se distingue de las publicaciones de nuestra empresa, dedicada principalmente a la literatura médica.

Sin embargo, es conveniente aclarar que la licenciada Rosalía Moros de Borregales, está íntimanente relacionada con la medicina, porque está casada con Leonardo Borregales, urólogo, con quien hemos trabajado en la edición de libros de esa especialidad. De su mano llegó la autora a nuestras oficinas y en tiempo record fue aprobada la edición de su primer libro, que resulta ser una compilación de los artículos que desde hace algunos años ha venido publicando en El Universal On Line.

La obra que hoy prologamos, se constituye en el libro 183 de esta editorial en sus 18 años de funcionamiento y reúne ciertas características que vale la pena resaltar.

En primer lugar, la pluma elegante de Rosalía nos presenta una serie de vivencias que tienen que ver con la Venezuela actual y que con maestría recoge en las diferentes partes de la obra. Esta ha sido dividida en cinco segmentos que incluyen temas sobre: la familia, las experiencias de vida, las virtudes, los desaciertos humanos y Dios y su relación con nosotros.

Se trata de un libro que provoca leer de principio a fin y luego regresar para analizar cada uno se sus artículos, para sacar de los mismos la fuerza y habilidad necesarias para seguir adelante. Cuando terminamos de leer esta obra, nos parece que hemos conocido a Rosalía toda la

Prólogo

vida. Presenta de una manera transparente experiencias personales, sus pensamientos, creencias y convicciones, y de una forma valiente plantea hechos que todos pensamos pero que no nos atrevemos a decir.

Lo que afirmamos en el párrafo anterior se pone de manifiesto en los comentarios de los lectores que invitamos muy cordialmente a revisar luego de la presentación de este libro.

Algo que llama poderosamente nuestra atención es la forma como Rosalía habla de un Dios único, padre y creador del Universo, Quien a través de ella se está comunicando con el lector. Nos encanta descubrir que no es una obra proselitista, y que puede adaptarse a las creencias de cada quien. Menciona numerosos aspectos que deberíamos analizar para crecer espiritualmente y ayudarnos a continuar con esta bella experiencia que es la vida, enturbiada en ocasiones por situaciones circunstanciales que, como la historia ha demostrado, no serán eternas.

Estamos seguros de que esta primera edición de "Reflexiones para Venezuela" tendrá el éxito que se merece y muy sinceramente estimulamos a la autora para que siga produciendo esta valiosa colaboración a la sociedad, que anticipamos la recibirá con beneplácito y sobre todo, con mucho cariño.

Rogelio Pérez D'Gregorio
Director Editorial Ateproca

Reflexiones para Venezuela

Presentación

Después de varios años soñando este proyecto, hoy les presento este sencillo libro en el cual he querido expresar a toda Venezuela con inmenso cariño, que más allá de todo lo que nos rodea y de las incansables luchas que hemos sostenido a lo largo de nuestra historia, hay esperanza para nuestra nación.

Pienso que esa esperanza no está determinada por la aparición sorpresiva de un líder que nos saque del hoyo, sino por cada uno de nosotros como ciudadanos constructores, aportando nuestro trabajo sostenido y digno, con excelencia, en el lugar donde nos encontremos. Realzando en nuestra sociedad los valores fundamentales del cristianismo, como la familia, el trabajo en equipo, la integridad en el desempeño de nuestras funciones, la bondad hacia nuestros semejantes y muchos otros.

Aporto mi granito de arena, convencida de que tenemos un gran trabajo por delante de inculcar estos valores en todas los ámbitos de nuestra nación. Y con fe de que de esta manera se abrirá un nuevo camino en nuestro horizonte para convertirnos en una patria recta y noble donde la justicia impere sobre la mentira, el odio y la maldad.

Así pues, los invito a leer cada una de estas reflexiones basadas en hechos de la vida común y cotidiana, y a llevarlas a su entorno.

Con amor fraternal,

Rosalía Moros de Borregales

Dedicatoria

En memoria de mi abuela Cruz Aurora Ghersi de Moros,
de quien aprendí el arte de narrar.

A mis padres, quienes me dieron la bendición de un hogar feliz.

Al Amor de mi vida, mi esposo Leonardo.

A mis obras maestras: Leonardo Daniel y
                                 Andrés Eduardo

Comentarios

a los artículos publicados en El Universal

"Estoy releyendo por segunda vez su maravilloso artículo donde utiliza el encuentro de Jesús de Nazaret con la samaritana en forma tan humana y también DIVINA, que deseo estimularla para que siga recordándonos a los simples lectores, que la grandeza del espíritu sigue a nuestro lado, dispuesto a ayudarnos a sobrellevar tanta escasez de "agua viva".

Mauricio Tancredi.

—.—

Muchas gracias bien trasmite fe y esperanza su artículo de hoy.
Luis Urdaneta Eraso

—.—

Sra. Borregales.
 Mi respeto y admiración:
Su nota ".....integridad en un cambio sin arrepentimiento" es excelente. Alabo el tono de su escritura; por momentos percibo el énfasis de Isabel Allende y cuando alecciona es tan sabia como estar envuelto en la lectura de Milan Kundera.
Muy acertado Proverbio 28: 13-14

Atte. Guillermo Nunez

—.—

Dra. Rosalía Moros de Borregales.
Gracias por su artículo que comparte plenamente mi modesto grupo de estudio. Particularmente nos tocó este párrafo: "***Es hora de que los venezolanos invoquemos el nombre de Dios sobre nuestra nación. Es hora de pedir perdón y enmendar los caminos torcidos***".

Julio Belisario

Comentarios...

Rosalia, amiga, ¡excelente artículo! Ojala los venezolanos reflexionen y pongan ese granito de arena que hace falta para tener el mejor país del mundo.
Ivonne Fernández.

—.—

Estimadísima amiga
Te felicito por tan acertado artículo. Estoy de acuerdo 101 %
Felicidades y salud,
Alberto Rafael Cisneros Perfetti

—.—

Hola Rosalía, ¡feliz sábado! quiero agradecerte como venezolana, lo que llevaba encerrado desde el inicio de esta Copa América 2011 y que en cada actuación de nuestros muchachos, hizo crecer en mí un sentimiento de orgullo y esperanza tal cual lo describes en tus letras.
Siento que mejor no has podido reflejarlo y que bueno te atreviste a plasmar tan inteligente y humanamente.
Gracias una vez más por tu compromiso con nuestra Venezuela, por esta invitación tan sabrosa a construir un mejor país.
Saludos
Mirna Llavaneras Ramírez

—.—

Muy cierto lo que escribes, con mucha delicadeza y belleza... Saludos.
Rosa Parada de Carbonell.

—.—

Amiga, qué preciosa reflexión y cuánta claridad y sencillez al comunicarla. Yo en su nombre lanzaré la red.
Dios te bendiga y guarde,
Tamara González.

—.—

Querida Rosalía, me llenan el alma tus artículos y me identifico con tus reflexiones. Eres un ser especial, con profundo análisis existencial y

que logras llenar los vacíos de la gente que merecen disfrutar de tu don. Sigue en la misma línea, ya que todos lo necesitamos.
Cariños,
Tatiana Enache.

—.—

Hola:
Acabo de leer un artículo tuyo acerca de la perseverancia, y quiero agradecerte por tan bellas palabras, ¡llegan en el momento justo!
Doy gracias a Dios por poner talentos tan maravillosos en manos de seres imperfectos como lo somos, pero como lecturas como esta, ayudan a perfeccionarnos cada día, te animo a que sigas adelante, y sigas bendiciendo la vida de los que tengan el placer de poder leer tus vivencias. ¡Bendiciones!
Martín de la Cruz Carrizo

—.—

Saludos y congratulaciones a tu padre en este día que Dios los colme de bendiciones, muy sentido e interesante tu lindo mensaje.
Onofre García Ceballos

—.—

Hola, gracias por compartir esta linda reflexión que sin lugar a duda me fortalece mucho. Dios te bendiga siempre
Mayra Similux

—.—

Apreciable Rosy:
Muchas gracias por compartir esa experiencia tan bonita, tan llena de amor, estoy seguro de que la pequeña Elizabeth está en los brazos de nuestro Dios.
Saludos,
Lic. Donald Garmendia Cruz

—.—

Rosy, qué agradables esos artículos de agua fresca, de esperanza y

Comentarios...

bondad, entre otros encrespados, sedicentes y que lamentablemente reflejan la triste verdad de nuestro país.

Luis González S.

—.—

No puedo estar más de acuerdo con cada palabra del contenido de su carta. Como madre venezolana, comparto lo que allí manifiesta, muy educadamente. Ojalá muchas personas puedan leerla ya que, estoy segura, es el sentimiento de la gran mayoría de nuestros compatriotas. Gracias por expresar mi sentir tan elocuentemente.

Gianna Silvestri

—.—

Muy inspiradora... gracias por su valentia y ¡feliz dia de las madres!

Luis Rahamut

—.—

Felicitaciones por su bello e interesante artículo, muy emotivo y elegantemente escrito. Me llegó al alma.

Guillermo Márquez.

—.—

Cordialísimo saludo a la autora de tan "tierna y delicada" crónica para el día del amor. Mi "socia conyugal" y este 100% tenemos 46 años de enmatrimoniados y cada día es uno nuevo para nuestro amor. Procreamos 4 hijas para el mundo y nos han dado (2 de ellas) 4 nietos(as) para nuestra felicidad. Compartimos con ellas en Venezuela y USA. La he leído en Texas y espero seguir haciéndolo. Deseo, para Ud. y su casa lo mejor. Hasta cada rato.

Nick Clemente

—.—

Es bien refrescante leer esto entre tantas malas noticias. Después de leer su artículo, solo me queda darle las gracias por recordarnos lo que desgraciadamente a veces olvidamos. Saludos

Susana Marcano

¡Excelente mensaje! Justamente lo que Venezuela necesita escuchar. El destino de Venezuela está en las manos de aquellos que tienen fe y esperanza en que Dios puede cambiar las circunstancias de toda una nación.

Víctor Pérez

—.—

Señora Rosalía: permítame que como padre y lector, la felicite por ese tan excelente artículo. Ante la avalancha de opiniones políticas contradictorias y muchas veces de baja categoría, surge su opinión como un oasis: natural, amable y con un mensaje sencillo, enternecedor. ¡Ah! Los hijos, dulce extensión de nuestra propia vida... ¡que Dios los bendiga!

Pedro Alvarez

—.—

Hermoso artículo Rosy Moros. Lecturas como estas son lo que deberían abundar para reconfortarnos y a la vez motivarnos a tener una mejor actitud ante la vida. ¡Que Dios te bendiga!

Manuel Carreño

—.—

Estupendo artículo Rosalía, gracias por compartirlo. Regocija el alma y la reconforta, y nos recuerda que en este hermoso país no todo es malo, que hay una Valentina en muchos corazones y que vamos a salir adelante... viva Venezuela... ¡gracias Valentina!

Isaura Coromoto Troconis de Urdaneta

—.—

Felicito a Rosalia de Borregales por tan buen artículo, lleno de esperanza para estas generaciones.

Elbano Angel Martín Salazar.

Sobre la familia

Reflexiones para Venezuela

Como los dedos de la mano

Cuando era niña acostumbrábamos a hacer la sobremesa, recuerdo que me encantaba escuchar las historias que nos contaba papá acerca de su infancia, sus padres, sus hermanos y de cómo se había enamorado de mamá. Recuerdo que en varias oportunidades nos hablaba de la importancia de permanecer unidos como familia.

Un día papá nos dijo que examináramos nuestras manos; algo sorprendida, sin entender hacia donde nos llevaba, volví mis ojos hacia mis manos y con ellos las seguí en un movimiento suave de arriba hacia abajo y de un lado hacia el otro. Después de unos instantes, recuerdo que él comenzó a exaltar las diferencias entre unos y otros. Fulano es alto y rubio, es alegre y dicharachero, Zutana es baja y de cabellos oscuros, es más seria y también inteligente…, y así fue describiéndonos a cada uno, exaltando las diferencias físicas y de personalidad entre unos y otros.

Como mi padre ha sido siempre abundante en sus elogios, pronto me concentré en la rima de sus palabras en forma de versos, y olvidé mis manos, mientras él paseaba con su mirada alrededor de la mesa y nos tocaba el alma con sus ojos café. Pero mi padre no había olvidado su propósito, siempre ha estado empeñado en mostrarnos las riquezas que hay en ser familia, la multiplicidad de cualidades que podemos encontrar en la variedad de caracteres, lo maravilloso que es el aceptarnos unos a otros. La inmensa aventura que es la vida y lo hermosa que puede ser cuando vamos acompañados en el camino: "Porque mejor son dos que uno, porque si uno cae el otro lo levanta; porque si uno tiene frío el otro lo abriga".

De repente, volví mi atención a mis manos, y pensé:—A papá se le olvidó el asunto de las manos— En la curiosidad de mi mente de niña, esperaba impacientemente el desenlace de toda esta declaración de amor de mi padre hacia todos nosotros. Pero mi padre no había olvidado, él tenía muy claro su propósito, tan claro como la luz del mediodía, tan claro que han pasado más de treinta años de aquella sobremesa y lo recuerdo nítidamente, casi puedo revivir los aromas de la deliciosa comida, casi puedo ver los ojos de mi madre bañados de lágrimas.

Entonces, apurado por la impaciencia de los más pequeños que inquiríamos una explicación acerca de la minuciosa observación que nos había demandado hiciéramos de nuestras manos, nos dijo: _Así como en una mano todos los dedos son diferentes, unos más gorditos, otros más largos, otros menos agraciados pero más útiles, como el pulgar, todos tienen una función en ese conjunto que llamamos la mano, todos pertenecen a una unidad, todos son parte de un todo sin perder su individualidad.—**Así, hijos míos, así es la familia. Somos uno en Dios, y somos todos diferentes, pero somos miembros los unos de los otros. Siempre permanezcan unidos, recuerden que somos COMO LOS DEDOS DE LA MANO.**

Reflexiones para Venezuela

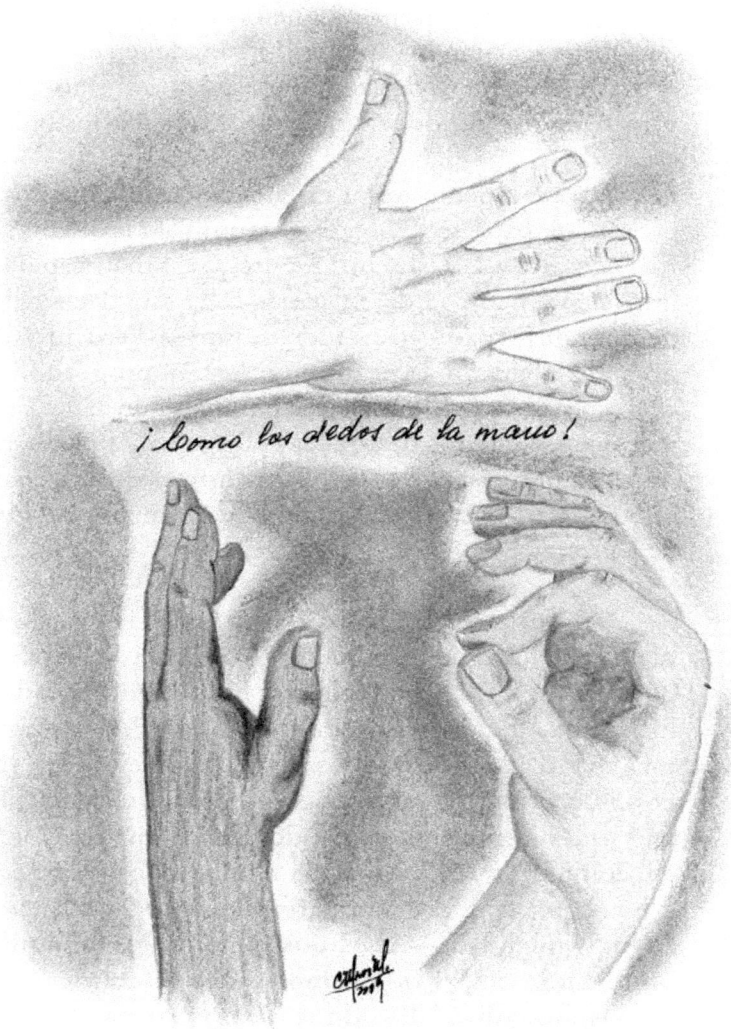

*Como
los dedos
de la
mano*

*Cecilia
Moros M.*

Caracas 2011

Reflexiones para Venezuela

Construir lo más importante

En la actualidad nos caracterizamos por ser personas muy bien informadas, cada día leemos, vemos y escuchamos a través de diferentes medios, información sobre nuestra ciudad, nuestro país y el resto del mundo. Las noticias viajan tan solo instantes a través de la tecnología que nos pasea rápidamente alrededor del planeta. Nos enteramos de la vida política y de la economía de las naciones. Podemos seguir los desastres naturales ocurridos en los sitios más remotos; disfrutamos de música, videos y películas muchas veces aun antes de su lanzamiento oficial; sabemos de los avances y logros de la ciencia y de todas las disciplinas existentes. Aun nos llegan noticias detalladas de las vidas de personajes públicos y nos enteramos de vanidades intrascendentes.

Aunque parezca muy importante estar informados. ¿Estamos realmente enterándonos de las cosas que tienen trascendencia en nuestras vidas? Más importante de lo que pasa en el mundo o en nuestro país, es lo que pasa en nuestros hogares. Es saber de los pensamientos que cruzan la mente de nuestros pequeños, de sus actividades, pero también de sus inquietudes. Es enterarnos que hay detrás de la mirada de nuestros adolescentes; de sus sueños y de sus temores. Es acompañar a nuestro cónyuge en sus preocupaciones, en sus logros y en sus retos. Sí, porque si sabemos del mundo entero pero no sabemos de nuestra familia estamos perdidos. ¡Hemos hallado al mundo pero hemos perdido nuestro hogar!

Una familia es una obra de diseño, de cálculo, de verdadera ingeniería. También es un taller de arte, donde se deben adornar las estructuras con una paleta de colores, a veces vibrantes y otras veces pasteles. Construir una familia es como hacer una receta con un toque particular; hay ingredientes insustituibles, pero también hay otros que le impregnan nuestra singularidad. Se puede llegar a alcanzar grandes logros, pero levantar una familia sólida que junta supere los obstáculos de la vida es el logro que le proporciona mayor satisfacción al ser humano y le garantiza la paz en sus años dorados.

Y no hay vínculo que pueda establecerse sin la comunicación, sin el enterarnos, sin el saber y sin el expresar. Los lazos de la familia se fortalecen a través de las conversaciones en la mesa, de las llamadas breves a lo largo del día, de las pequeñas notas o mensajes para expresarles a nuestros amados cuán importante son para nosotros. De sentarnos a escuchar con los oídos, el corazón y la mirada, sus cuitas y alegrías. De servirnos los unos a los otros, sabiendo que el que ama a su familia se ama a sí mismo. Cuando uno en la familia está herido, todos están heridos con él, y al mismo tiempo todos son la venda que sana la herida.

A pesar de todos los embates del mundo moderno contra el matrimonio, la familia sigue siendo la institución más duradera en el mundo. Psicólogos, psiquiatras y sociólogos coinciden en que la familia continua siendo la base fundamental de la sociedad. Es el lugar donde se sientan las bases de la personalidad de un ser humano. Es en la familia donde se inculcan los valores más importantes para la formación de los individuos que se convertirán en los ciudadanos que construyen un país.

En Rusia saben bien acerca de esto; en su era soviética la familia tuvo una gran decadencia en este país y eso marcó la vida de la nación. Hoy en día cuentan con un día nacional de la familia, el 7 de julio, y en el año de la institución de dicho día (2008) fue prohibida toda publicidad a favor del aborto y se impartieron charlas promoviendo la maternidad en familia. Ellos entendieron que es imposible construir una sociedad moralmente fuerte sin familia.

Entonces, entérate del mundo, pero sobre todo entérate de tu familia. Pon cada día el ladrillo que corresponde en la construcción de tu hogar. Y recuerda que si tú triunfas en la construcción de tu hogar, triunfa también la sociedad.

Construir lo más importante

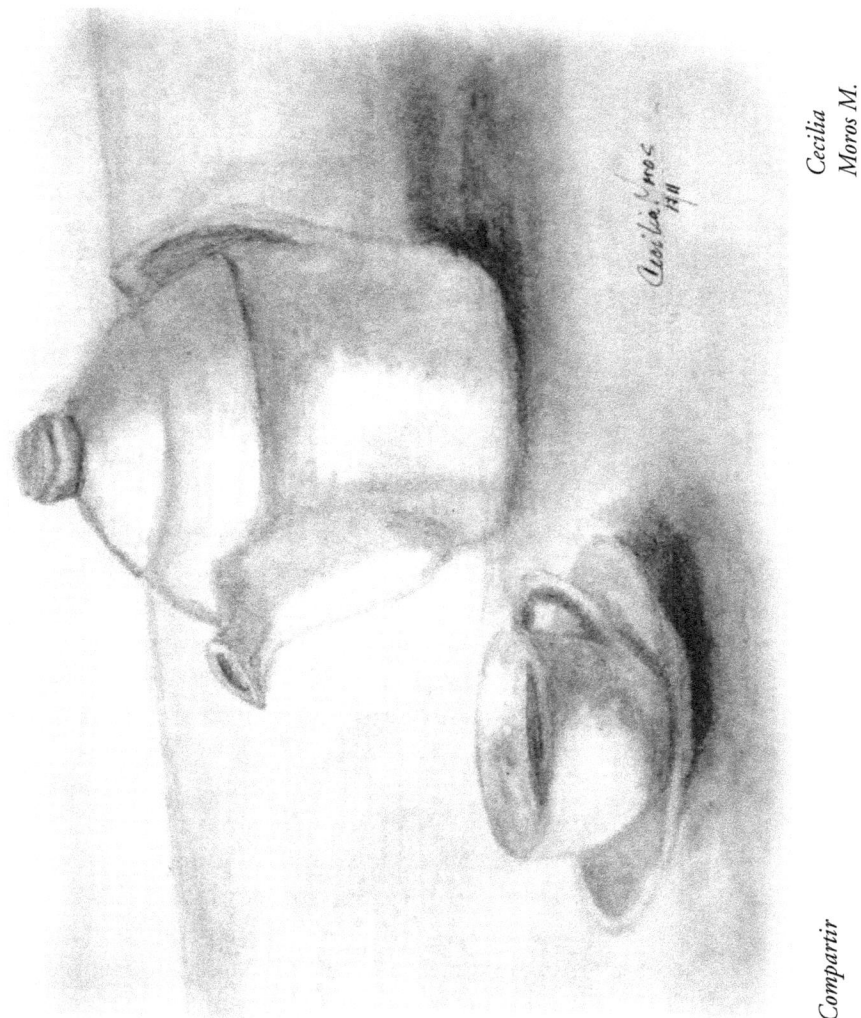

Cecilia Moros M.

Compartir

Rosalía Moros de Borregales

Enamorados por siempre

A veces me he encontrado pensando en lo maravilloso que sería si siempre pudiéramos sentirnos como cuando éramos unos adolescentes y nos enamoramos; sentir esas mariposas en el estómago en la cercanía de la persona amada, levantarse cada mañana y sonreír con nosotros mismos mientras nuestros pensamientos vuelan imaginando el momento del encuentro de ese día, o recordando alguno ya vivido. De hecho, muchas veces me he encontrado diciéndole a mi esposo que extraño al adolescente que me cortejó, nuestras largas conversaciones, sus cartas, sus besos. Más egoísta o malcriadamente, le he dicho que extraño cuando yo era su universo. Y si, muchas veces anhelo ser su universo, no lo niego, es parte del amor de pareja, del matrimonio.

Todas las relaciones familiares que tenemos vienen integradas en el paquete de nuestras vidas; no las escogemos, no las decidimos. Cuando nacemos ya tenemos padres, hermanos, tíos, abuelos, primos, etc. y estos son vínculos indisolubles. Inclusive, pueden subsistir con el amor fluyendo en una sola vía; sin embargo, con el matrimonio no sucede de esta manera.

En el matrimonio, en la mayoría de las culturas, la relación se da por una decisión propia. Somos nosotros quienes escogemos a la persona que será objeto de nuestro amor. En esta relación es indispensable que el amor fluya en ambas direcciones, pero no como he escuchado muchas veces, con el 50% de parte de cada uno. Cada día me convenzo más de que es necesario el 100% de ambas partes para que la relación se establezca, florezca, y trascienda.

Conozco a unas cuantas personas que se casaron "para toda la vida", personas que han luchado incansablemente por tener matrimonios sanos, y a pesar de sus esfuerzos han terminado en el divorcio debido a la decisión irrevocable de la pareja de cesar la relación. Sí, porque de todas las relaciones humanas, el matrimonio no puede permanecer en edificación, si uno, solo uno de los dos, desea derribarlo. Esta relación es un vínculo que se establece irrefutablemente por la decisión de dos, y solo puede cumplir su propósito cuando los dos que lo iniciaron, deciden, cada día, mantener en edificación la relación.

Pero, cómo lograr que el amor siga fluyendo de ambos lados cuando esta relación se inició por emociones y sentimientos tan maravillosos como efímeros. Por esa explosión inusitada que funde nuestro cuerpo con nuestro corazón, a la que llamamos 'estar enamorados'. ¿Cómo lograr que el amor que va madurando siga vistiéndose de emociones de bellos colores y de sensaciones que hagan vibrar las fibras de nuestras almas?

Pues bien, a lo largo de la vida, he ido aprendiendo que el matrimonio es lo contrario del 'enamoramiento' que vivimos cuando conocimos a nuestra pareja. En ese entonces, nos atrajimos primero, nos enamoramos después y cuando creímos que nos amábamos decidimos casarnos. En el hoy, en mi matrimonio y en tu matrimonio, decidimos cada día seguir adelante, nos comprometemos con nuestra pareja en la edificación del matrimonio, y más tarde de la familia; y luego, como por un milagro divino en el cual Dios respalda la institución más poderosa que El creó, ese compromiso se traduce en un sentimiento poderoso de amor que despliega su fuerza en toda clase de colores de emociones y sentimientos.

Testimonio de esto lo dan millones de personas en el mundo que han permanecido casados amándose por años y años. Recuerdo en este momento una anécdota de mi padre, hablando acerca de mis abuelos: Un día, en la celebración de un aniversario de boda, mis abuelos se besaron tiernamente en la boca, y mi papá, antipático en sus bromas, les dijo que ya estaban muy viejos para la gracia, a lo que mi abuelo plácidamente le contestó: —hijo, cuando pasan los años es cada vez más sabroso.

¡Cuánto sabía mi abuelo de ese compromiso que se convierte en un "eterno enamoramiento"!

Reflexiones para Venezuela

Madres que oran

Tengo dos adolescentes en casa, son el alma de nuestra existencia. Los amamos más allá de lo que pueden describir las palabras. Sentimos que todos los esfuerzos no son suficientes para hacer de ellos hombres de bien. Quisieramos, como muchos, poseer dones especiales para discernir sus necesidades, para penetrar sus mentes y corazones, en fin, para darles la mayor felicidad posible. Creo, sin temor a equivocarme que este es el pensamiento de todos aquellos a quienes Dios nos ha bendecido con hijos. ¡Cúanto quisiéramos hacer por ellos y para ellos! ¡No tienen límites nuestros deseos de amor y de bien!

Cuando me convertí en madre, sentí que estaba frente al reto más grande de mi vida. A diferencia de otras empresas que había acometido, esta me pareció un Everest, pensé que quería hacerlo bien, pero cómo. Necesitaba encontrar una fuente de sabiduría de donde tomar las herramientas necesarias para esta indescriptible tarea. Si, así me sentí, entonces recordé a mi madre, y a mi abuela, pensé que ellas lo habían logrado y busqué en sus inspiradoras vidas para saber cual había sido el secreto.

Despues de meditar por un tiempo, de leer muchos libros y de caminar en mi memoria por las vidas de estas dos grandes mujeres, encontré que no había, que no hay, una fórmula mágica para levantar a los hijos. Pero con alegría descubrí que las vidas de ambas estaban marcadas por su fe en Dios. Descubrí que esa fuente de sabiduría que estaba buscando era ese Dios que ellas me habían enseñado, y que su fortaleza provenía de la oración.

Desde entonces comenzé a orar por mis hijos, y no he dejado de hacerlo. A través de los años me he dado cuenta que ante los ojos de Dios ser una madre perfecta no es lo que cuenta, pero ser una padre que ora si. Desde entonces he comprendido que esta tarea no es una carga pesada que me doblega, sino que es una maravillosa aventura de la cual yo no soy su conductora, sino Dios, nuestro Señor. Comprendí que los hijos no son nuestros sino suyos, y que El es el capitan de este barco.

Cuando vamos confiadamente ante el Señor para pedir de El todo lo que necesitamos en esta hermosa tarea de criar a nuestros hijos, El nos oye, y nos capacita día a día. Porque Dios no es el que esta colgado en la cruz, inamovible, ese que no escucha y que nos dejó al azar del mundo y de la historia. No, Dios quiere bendecirnos y sus oídos estan atentos a la oración nuestra. El nos dice: "Yo te he escogido y núnca te dejaré" (Isaías 41:9) Más aun El nos dice: "Con amor eterno te he amado por tanto te prolongué mi misericordia". (Jeremías 31:3).

En su palabra hay una guía clara de cosas que nosotros debemos hacer. En el libro de Deuteronomio en los capitulos 5, 6 y 7 después de darnos los mandamientos, el Señor nos explica lo que debemos hacer en nuestras vidas "para que nos vaya bien en la tierra que fluye leche y miel" Deuteronomio 6: 3. El nos dice: "Estas palabras que yo te mando hoy, estarán sobre tu corazón. Se las repetirás a tus hijos, y les hablarás de ellas estando en tu casa y andando por el camino, al acostarte y cuando te levantes. Las atarás como una señal en tu mano, y estarán como frontales entre tus ojos; las escribirás en los postes de tu casa y en tus puertas". Deuteronomio 6:6-8.

Dios nos promete estar con nosotros todos los días hasta el fin. Cuando busquemos en su Palabra, encontraremos sus directrices y comenzaremos a ver que lo que un día sentimos como una tarea demasiado difícil, se convierte en el delicioso placer de amar y ser amadas por nuestros hijos.

¡Busquemos a Dios en oración y veremos su obra en nuestras vidas y en la de nuestros hijos!

Madres que oran

Los hijos florecen con la oración.

Cecilia Moros M.

Mi personaje inolvidable

Dedicado a todos los papás en su día.

Son muchas las formas en que a lo largo de la historia hemos resaltado el rol que ha ejercido la madre en la conducción de la familia en la sociedad latinoamericana. También son muchos los dichos que exaltan el papel de la madre como figura insustituible; sin embargo, pienso que en esta exaltación tan merecida de las madres, el papel del padre ha quedado relegado a un lugar que no es el que le corresponde, por lo menos no, en la concepción cristiana de la familia.

El padre representa ante todo la seguridad. La Biblia lo describe como el árbol plantado junto a las corrientes de las aguas, que es frondoso y bajo cuya sombra se puede reposar; es el refugio ante el miedo, es el defensor ante el enemigo; es el pastor de las ovejas que no le permite al lobo entrar a su rebaño. El padre es el sacerdote del hogar, el que tiene la obligación de presentar a su familia delante de Dios, el que intercede por ella. Es el techo del hogar, el que lo cubre y lo guarda de tormentas. El padre es el proveedor por excelencia, esto es algo intrínseco, impreso en el alma del hombre.

Si detallamos la personalidad del padre podemos observar que su función está diseñada de acuerdo a características esenciales atribuidas a Dios. Pienso, entonces, que si el padre en el ejercicio de su función debería manifestar estas características divinas, es en él en quien recae la sublime tarea de despertar en el corazón de los hijos el amor a Dios. Nada más alejado de la verdad que el creer que la oración y la devoción en general, es un oficio estrictamente encomendado a las mujeres. En esta tarea de ser familia, esto es un trabajo de todos; pero es en el hombre en quien Dios pone el liderazgo y la responsabilidad de asumir dicha tarea.

Cuando los hombres de nuestra patria y del mundo entero entiendan su papel protagónico en la formación de los hijos, y se levanten para cumplir su sagrado deber comenzaremos a ver cambios en nuestra sociedad. Los cambios profundos que necesitamos no se gestan en una sociedad sin familia. Solo en el seno de la familia se forman hombres de integridad o se trastornan seres, que un día fueron inocentes, en almas llenas de odio y de maldad.

Al pensar en estas cosas, mi corazón se llena de un sentimiento inmenso por mi padre. He estado pensando, recordando las diferentes etapas de mi amor por él: Cuando era niña creo que lo idolatraba. No había un momento del día que fuera más especial que cuando llegaba de su trabajo, mi pequeño corazón lo admiraba al verlo elegantemente vestido con su traje; siempre traía consigo una bolsita llena de dulces para "las niñitas". Recuerdo como esperaba impaciente la sobremesa para escuchar sus historias llenas de poesía, siempre impregnadas de amor, siempre dando lecciones de vida.

Más tarde, en la adolescencia, comencé a notar errores, carencias. A medida que crecía iba viendo más al hombre que al héroe. Llegó a decepcionarme en algunos aspectos y hasta me causó sufrimiento. Pero en los momentos más difíciles siempre dos características en él me causaron admiración: Su inmenso amor y su humildad para pedir perdón por sus errores y desaciertos. Hoy, en mi adultez, lo amo, lo admiro y lo respeto.

Mi padre pronto llegará a sus 90 años, y en el ocaso de su vida solo dos verdades llenan mi pensamiento: Mi padre me enseñó el camino a Dios. Mi padre me ha amado con un amor inmenso.

¡Por esa razón, hoy y siempre, mi padre será mi personaje inolvidable!

"Sobre todo, amen con amor ferviente, porque el amor cubrirá multitud de faltas". I Pedro 4:8

Mi personaje inolvidable

El
abuelo

Andrea
Doval F.

Rosalía Moros de Borregales

Reflexiones para Venezuela

Mi viaje a la tierra

Dos maravillosas células se han unido. Ya no son más dos. Desde este momento y para siempre son una unidad indivisible. Aunque no lo crean ese (a) soy yo. Quizá ni siquiera mi Mami ha notado todavía mi presencia. Pero el hecho es que estoy aquí. Si, así como cuando ves los campos marrones, sin saber que la semilla esta plantada. Pero ella, la semilla, esta allí adaptándose a la tierra y en su tiempo crecerá. Después verás los campos verdes, y más tarde verás los frutos. Por ahora nadie me ve, pero la realidad es que estoy aquí, tan presente como tu mismo. Tu no negarías de tu existencia. Aunque, en el peor de los casos no fueras reconocido por los que te rodean, tu sabes que estas aquí, sientes tu respiración, y si guardas silencio puedes escuchar el latido de tu corazón. Mi vida tiene escasos días, no te creas, no es tan fácil llegar a ser esta 'unidad indivisible'.

Hay que luchar para llegar al lugar indicado. No te imaginas todo lo que hay que correr para alcanzar la meta. Pero una vez que lo has logrado, te posicionas de lo que por mérito te corresponde, Y yo me gané estar aquí, acomodadito (a) en el vientre de mi Mami.

Han pasado algunos días más. ¿Sabes? Ha sido un proceso rápido e increíblemente complejo. ¡Aunque no lo creas, maravilloso! Bueno, me han dicho que los hombres son muy incrédulos allá afuera, perdóname si no es tu caso. Pero si, me creas o no, te digo que ha sido maravilloso. Por ahora soy todavía un embrión, pero imagínate Dios me ha visitado, nuestro Señor ha posado su mirada sobre mi: "Mi embrión vieron tus ojos" (Salmo 139: 16a) Imagínate hasta me dijo que en su libro estaban escritas todas aquellas cosas que serían luego formadas (Salmo 139: 16b). ¡Estoy maravillado(a) porque grandes y maravillosas son sus obras! (Salmo 139:14)

Cuan delicioso es este lugar. Es como un lugar secreto donde extraños no pueden alcanzarme. Hoy mi Mami ha notado mi presencia, su corazón esta lleno de alegría. Me parece que se siente la mujer más dichosa de la Tierra, y no te imaginas lo feliz que me siento yo. Ahora se que mi Mami también me ama. De aquí en adelante seremos muy unidos. Ella esta preparando una sorpresa para mi Papi, pero es tanto su gozo que no se si podrá esperar el resultado de los exámenes. Este día ha sido largo para mi Mami, pero finalmente tiene la confirmación científica de que estoy aquí, acomodadito (a) en su vientre.

Mi Papi llega y mi Mami le da un besito. Comienza a hablarle como un bebé, hace pucheros... El le pregunta que le pasa. Ella le dice que quiere un tetero. ¡Imagínate, mi Papi esta confundido! A veces, los hombres no entienden tan fácilmente el lenguaje del corazón, y hoy mi Mami es puro corazón. Finalmente ella se arrodilla en el piso y comienza a gatear. Entonces él capta el mensaje, y pregunta en un grito de júbilo: ¿Estamos embarazados? Bueno, es mi Mami la que está embarazada. ¡Pero que hermoso es oir esa frase! El también se considera embarazado. Si, porque aunque él no me lleva en su vientre, de su vientre vengo yo. Y ahora desde este día me lleva en su corazón. ¡Desde hoy seremos amigos inseparables...! Bueno, que te cuento. Mi Mami le muestra el examen y los dos se abrazan fuertemente. Puedo sentir el calor de su amor al estrecharse. ¡Ahora somos tres!

"Tu formaste mis entrañas; mi hiciste en el vientre de mi madre" (Salmo 139: 13) Es mi Mami que esta leyendo la Biblia. Creo que es su libro favorito. O más que eso, me parece que es su guía. Ella me acaricia suavemente. Bueno se acaricia su vientre, pero tu sabes que es a mi a quien esta acariciando. Creo que mi Mami es linda, todavía no he visto su rostro pero me encanta su voz y su ternura. Ahora llevo unos cuantos meses aquí adentro. Es curioso que mi casita vaya creciendo a medida que crezco yo. ¡Mi corazón ya esta latiendo! ¡Qué órgano tan perfecto! Mi Mami le dice al Doctor que parece un caballito galopando. Es toda una aventura cada mes cuando vamos al Doctor. Allí todas las Mamis tienen la panza grande, y cada una con su historia forman una algarabía. Creo que en esas otras panzas están mis amigos (as). Voy a tener muchos amigos(as). ¡Estoy seguro (a) que si!

A estas alturas mi presencia es notada por todo el mundo, no me ven a mi personalmente, pero si ven a mi Mami mi presencia es más que obvia. Aunque desde el día que lo supieron mis abuelitas se enteró media humanidad. Ellas, mis abuelitas, junto con mis abuelitos están muy ilusionados. Están pensando que me van a consentir más que a sus propios hijos. Imagínate que hasta piensan que como ahora no serán responsables directos de mi comportamiento, harán conmigo todo lo que no hicieron con mis Papis. Ah! Ah! Creo que en este asunto habrá problemas. ¡No puedo esperar conocerlos! Creo que seré un bebé feliz con esos abuelitos que Papá-Dios me ha dado.

Todas las cosas escritas en el libro de Dios se han ido formando. Ahora soy igual que mis Papis pero en una versión diminuta. Aunque quiero conocer a todos personalmente, te confieso que voy a extrañar este lugar tan calientito. Aquí estoy a mis anchas, como cuando quiero y duermo cuando quiero. A veces le doy dos patadas a mi Mami, no es que me este portando mal, sino que mi Papi ha pasado todos estos meses hablándome durante las noches y si yo no le respondo con una patadita entonces se siente triste. ¡Yo no quiero que mi Papi este triste! Yo estoy aquí para llenarlo de felicidad. El otro día fue él quien me leyó lo que dice la Biblia sobre los hijos: "Herencia del Señor son los hijos, recompensa el fruto del vientre. Como saetas en manos del valiente, así son los hijos habidos en la juventud. ¡Bienaventurado el hombre que llenó su casa de ellos!" (Salmo 127:3) Creo que estas palabras describen exactamente como se siente mi Papi.

Bueno, ahora si es verdad que estoy grande. Por más que mi casita ha crecido junto conmigo, creo que ya ha llegado el tiempo de salir de aquí, donde estoy calientito y acomodadito (a), para mi hogar, la casita de todos. Ellos me están esperando, sobre todo mi Mami, que no te imaginas lo paciente que ha sido en estos últimos días que estoy tan grande y ella ya no puede con los dos.

Ahora estamos en el lugar donde naceré, quisiera salir lo más pronto posible. Se que mi Mami esta sufriendo a causa de los dolores que le ocasiona mi salida. El lugar es estrecho y tengo que esforzarme. También mi Papi esta muy angustiado. El confía en que todo va a salir bien, eso es lo que le dice a mi Mami, pero se que está asustado. El otro día cuando el Doctor le dijo que yo pronto llegaría, por primera vez me dijo que quería tener una conversación seria conmigo. Me dijo que me portara bien, que hiciera mi trabajo y que ayudara a mi Mami. Eso es lo que estoy haciendo, te aseguro.

He nacido. Después que el Doctor me cargó me entregó en brazos de mi Papi. Yo estaba llorando, imagínate después de estar allá adentro calientito y acomodadito (a) llegar a este lugar tan frío. Mi Papi me carga en sus brazos, me besa y me siento más tranquilo, su calor me es familiar. Luego él me lleva a los brazos de mi Mami. Tenía razón en mis suposiciones. ¡Ella es hermosa y la más dulce de todas! En su pecho me siento como en casita, calientito y acomodadito (a). Los abuelitos lloran, me supongo que es de alegría porque al mismo tiempo se están riendo. Nunca me imaginé que yo fuera tan importante. Sabía que me amaban, pero ahora se que siempre me amarán. ¡Eso es lo que me revela esta maravillosa bienvenida!

Tengo una misión que cumplir. He sido creado con un propósito. En el corazón de Dios todos somos importantes. ¡El es el dador de la Vida! El me tiene en su mente desde antes de mi existencia: **"Antes que te formara en el vientre, te conocí, y antes que nacieras, te santifiqué"** (Jeremías 1:5)

Mi viaje a la tierra

*Rostro
de bebé*

"Dejad a los niños venir a mí, y no se lo impidáis; porque de los tales es el Reino de Dios."
Marcos 10:14

*Cecilia
Moros M.*

Reflexiones para Venezuela

Momentos

Hay momentos en la vida que capturan en los instantes en que transcurren, los tesoros más preciados de nuestra alma. Son esos momentos los que marcan huellas que ni el paso del tiempo, ni el correr en los afanes de cada día pueden llevarse consigo; permanecen en lo más íntimo de nuestro ser, así como una fotografía, con el color, el gesto y la emoción de ese instante.

Llevo días pensando y repensando, viviendo nuevamente, saboreando y respirando, con inhalaciones profundas, el momento que viví con mis hijos el 31 de diciembre del año pasado. Como quisiera tener la pluma sublime del poeta para describirlo con todo el esplendor de su belleza…

Estábamos en la cocina aderezando los sabores de la cena del fin de año; todos llenos de reflexiones y recuerdos, de nuevos propósitos para el año venidero…

Andrés, escuchando música y cantando canciones que bien pudo haber cantado su papá a su misma edad, y hasta sus abuelos en sus días de juventud. Inspirado, mostrando la pasión propia de su alma que cuando se abre es como el que abre un tesoro extraído de la profundidad de los océanos.

Leonardo Daniel, siempre amoroso, siempre mostrándome admiración; tomándonos fotos, capturando momentos… Disfrutando de la personalidad de su hermano, por quien su alma se derrite como chocolate al fuego, con inmensa dulzura.

Mientras tanto, el papá y el abuelo se están acicalando, y al escuchar la algarabía anuncian que pronto estarán allí acompañándonos. Papá también siente, lo que siente mi corazón, lo que se respira en el aire…

La abuela, pensando, meditando en esos momentos vividos años atrás con sus hijos; ayudando, queriendo ser útil, queriendo poner también su sello en el sabor de la comida.

Yo, cortando aquí, rayando allá, revolviendo con cucharas manjares que a fuego lento van cocinando su esencia. Pensando en lo dichosa que me siento en ese instante…

De repente, estamos los tres, hijos y madre, alrededor de la mesa; ellos inquieren, preguntan la receta, ofrecen ayuda, se involucran y mientras comparten cantan. Me sacan a bailar, damos algunas vueltas, nos abrazamos y besamos. Entonces, mis ojos se encuentran con sus miradas. Los tres estamos felices, los tres sabemos que lo que estamos viviendo no se compra con ningún dinero, y les digo que no cambiaría este momento por nada en el mundo… Las lágrimas corren por mis mejillas, me besan y me abrazan…

La abuela también llora en su recuerdo, y sus palabras nostálgicas nos dicen que ella también lo vivió y que hoy lo extraña. Los nietos le brindan el consuelo, la besan y le alegran el alma... Mientras tanto, profundamente agradecida, entiendo que he vivido un momento indescriptible. ¡Una joya que permanecerá guardada en mi alma por siempre!

Momentos

Cecilia Moros M.

Alrededor de la mesa

Reflexiones para Venezuela

Tus hijos, tu obra maestra

Exhausta después de 12 horas de interminables contracciones, con la mano de mi esposo sosteniendo la mía, nuestras miradas se encuentran como aquel primer día cuando nos conocimos y nuestras almas quedaron enlazadas... Estamos en el quirófano, el médico obstetra nos anuncia que la cabecita del bebé se está asomando, que solo falta un último y gran esfuerzo. Mi esposo me habla con dulzura, me dice que pronto tendremos a nuestro bebé entre los brazos; él sabe que estoy cansada y no es capaz de pedirme directamente que es necesario que haga otro gran esfuerzo, que es necesario que soporte un poco más. Pero yo lo conozco y lo entiendo, la expresión en su rostro me habla más que sus palabras.

El médico y mis cuñados, también obstetras, me hablan con determinación; sin embargo, en su tono hay también alegría y expectación. Entonces, respiro profundamente y hago un gran esfuerzo para que mi hijo salga de mis entrañas... Las lágrimas no me dejan ver la escena delante de mí, pero oigo su llanto fuerte y contundente, y a continuación escucho la voz de mi esposo que le dice: —¡Hola bebé! Es papá— Entonces el bebé instantáneamente deja de llorar y sus ojos se dirigen al rostro de su padre. Él, el bebé, está familiarizado con esa voz, la conoce muy bien, prácticamente la ha escuchado a diario. Mi esposo con su "pinar" (un viejo instrumento en forma de cono, usado para escuchar los latidos del corazón, el cual, en este caso, es el único instrumento que posee en su pasantía rural para escuchar a los bebés de las embarazadas) le ha hablado casi cada noche, comenzando su conversación con esa frase.

No sé quien está más maravillado, si el bebé al escuchar esa voz tan familiar que lo está recibiendo, o si mi esposo y yo al ver como el bebé se ha calmado al escuchar la voz de papá. Un momento sublime que jamás se borrará de nuestras memorias, un momento en el que nace todo el Amor en nuestros corazones por ese pequeño que ya ha cambiado nuestras vidas para siempre.

Ahora somos sencillamente otros seres humanos, como también se convirtieron en otros seres humanos nuestros padres con nuestro nacimiento. Nuestras prioridades cambian y esa pequeña criaturita se convierte en el centro de nuestro universo.

Cuando medito en estos momentos vividos pienso en que no podría haber otra forma de manifestación más grande del amor de Dios, que el haber dado a su unigénito hijo por cada uno de nosotros. Un hijo, es la mayor creación que un ser humano puede realizar; viene de sus propias entrañas, de lo más íntimo de su ser, está cargado de millones de células que han replicado no solo mucho de nuestras características físicas, sino aún más complejo, mucho de lo que intrínsecamente somos allí en nuestra alma, en el centro de nuestro propio ser.

Un hijo es la obra que trasciende a cualquier otra que podamos lograr en esta Tierra. Y como si fuera poco, tenemos la capacidad de lograrla más de una vez. Esta creación no está culminada cuando llega a nuestras manos, pasaremos años construyendo en ella y nos iremos de este mundo sin haber podido verla totalmente acabada. Sin embargo, podremos disfrutar casi todas las etapas de su perfeccionamiento.

En la visión que Dios me ha dado del valor de los hijos, ésta es la manera más fidedigna en la que puedo expresar lo que es en el corazón de Dios un hijo, tu hijo. Dios, en su amor por ti, te ha invitado a participar con Él en la creación. Él, en su infinito amor te ha dado este libro con páginas en blanco, para que tu mano de poeta - escritor lo impregne con la tinta de la vida. El, en su gran bondad te ha dado este lienzo en blanco para que con tu pincel de artista - creador lo ilumines con los colores del arco iris de los cielos.

Mis hijos, nuestros hijos, nuestras obras maestras. ¡Tu hijo, tus hijos, tus obras maestras!

Tus hijos, tu obra maestra

Cecilia Moros M.

La complejidad de la belleza

Rosalía Moros de Borregales

Reflexiones para Venezuela

Cuando ya te amaba

*A mi primogénino en su
vigésimo tercer aniversario*

Cuando todavía no habías nacido, cuando tan solo eras un pensamiento de mi mente, entonces, ya te amaba.

Cuando todavía no habías nacido, cuando tu papi y yo fantaseábamos acerca de ti en nuestras conversaciones de adolescentes, entonces, ya te amaba.

Cuando todavía no habías nacido, cuando tan solo eras una semillita germinada en mi virgen vientre, entonces, ya te amaba.

Cuando todavía no habías nacido, cuando ibas creciendo dentro de mí, cuando te alimentabas de mis entrañas, entonces, ya te amaba.

Cuando todavía no habías nacido, cuando me acompañabas a escuchar música y con tus pataditas me hacías saber de tu existencia, entonces, ya te amaba.

Cuando todavía no habías nacido, cuando cada noche respondías con tus piecitos a la conversación de tu papi, entonces, ya te amaba.

Cuando llegó el momento de tu llegada y con esfuerzo viniste al mundo, cuando tus ojos vieron la luz, entonces, ya te amaba.

Cuando yo te amaba

Cuando eras un bebecito y te alimentaba de mi pecho, cuando mi alma se fundía con la tuya, entonces, ya te amaba.

Cuando ibas creciendo y tus preguntas infinitas agotaban mi mente, cuando curioso descubrías el mundo, entonces, ya te amaba.

Cuando te convertiste en un hermano amoroso y con toda responsabilidad cuidabas a Andrés y tu alma era bondadosa para con él, entonces, ya te amaba.

Cuando cantabas con tu banda de primitos y amigos, cuando ya tus dotes de líder se asomaban, entonces, ya te amaba.

Cuando te entusiasmabas con los deportes y llenabas cuadernos organizando tus equipos, describiendo a tus famosos jugadores, entonces, ya te amaba.

Cuando te convertiste en un adolescente distante y a ratos tu dulzura cambiaba de sabor y te convertías en un limón, entonces, ya te amaba.

Cuando conociste a Dios y supe que aunque caminaras por los desafíos de la fe o los abismos de los desaciertos y pecados, siempre regresarías a El porque eres suyo, entonces, ya te amaba.

Hoy y cada día de tu vida te he amado, cada día que falta por venir, te amaré y siempre, siempre podrás contar con mi amor, porque desde siempre, ya te amaba, y para siempre te amaré.

Tu mami.

Reflexiones para Venezuela

*En cada
momento*

*Andrea
Doval F.*

Reflexiones para Venezuela

Decirte tres cosas

A mi amado hijo en su vigésimo primero aniversario.

Quisiera tener la pluma del poeta y escribir para ti los versos más hermosos; plasmar en ellos mi amor por ti y lo bello de tu alma.

Quisiera bajar del cielo las estrellas y traerte del océano los más preciados tesoros para engalanar la fiesta de tu vida.

Quisiera traducir cada pensamiento, las muchas emociones y los muchos sentimientos que se agolpan en mi corazón cuando pienso en ti.

Sin embargo, he decidido decirte tres cosas: Una sobre ti, una sobre mi y una sobre alguien que t e ama más allá de lo que tu mente te puede concebir – Dios -

Sobre ti; Eres un ser especial, alguien que marca huellas indelebles en las vidas de quienes tienen la dicha de conocerte. Naciste para ser grande y la grandeza es del tamaño de la humildad del corazón.

Sobre mi: He sido, soy y seré privilegiada de haber sido escogida por Dios para ser tu madre.

Sobre Dios: La vida es breve, los placeres de ella pasajeros; lo único que trasciende es Su Amor y Él te ha amado con amor eterno.

Mami.

Tu tesoro más preciado

A veces siento que la vida actual nos aleja de las cosas realmente importantes. Cada día está lleno de innumerables tareas, algunas ineludibles; muchas otras nos las hemos impuesto tratando de buscar el camino de la excelencia, tanto para nosotros como para nuestra familia. Sin embargo, hemos terminado atrapados en nuestra propia estrategia, porque tratando de hacer lo mejor, nos hemos perdido de lo más importante.

¿Es que acaso no es verdad que la prisa con la que vivimos nos ha hecho personas "superficiales"? ¿Cuántas veces en esos momentos a solas con nuestras almas nos damos cuenta de que en el afán de construir un mejor porvenir para los nuestros, hemos perdido elementos esenciales? ¿Cuántas veces nos hemos perdido la sonrisa de nuestros hijos pequeños? ¿Cuántas mañanas nos hemos dejado atrapar por el corre-corre y no hemos dado un abrazo, o dicho un "Dios te bendiga"? ¿Cuántas veces nuestros hijos o nuestras parejas nos han hablado, y de repente, en un instante, nos damos cuenta que hemos oído sin escuchar? Quizá porque nuestras mentes estaban en otro lugar, resolviendo, trabajando… Perfectamente justificados, pero tristemente alejados de lo más valioso.

"Solo con el corazón se ve, lo esencial es invisible a los ojos". ¿Lo recuerdan? Fue una de las primeras máximas que aprendí cuando era niña, es del libro "El Principito" de Saint Exupery. Y es que en este mundo que cada día motiva más nuestro sentido de la vista, nos hemos acostumbrado a mirar sin ver. Miramos pero la mayoría de las veces no vemos más allá de nuestros ojos, nuestras almas están ciegas, vacías.

Personalmente me he sentido de esta manera, por eso he reflexionado en ello y me he propuesto en mi corazón vivir, respirar profundamente, disfrutar de lo que es más importante.

He encontrado que después de Dios, lo que es más preciado a mi corazón es mi familia, la familia de donde vengo y la que he formado junto a mi esposo. Más aun he entendido, que si no puedo amar a los que Dios ha puesto a mi lado, que si no tengo la capacidad de disfrutar de la bendición que representa mi familia. ¿Cómo podría tan siquiera pensar que puedo hacer algo por otros que no conozco?

Recientemente tuve la bendición de visitar a mi hermana en el interior, también otros que están fuera asistieron a la cita para celebrar la boda de un sobrino. Estando allí, rodeada del cariño de mis padres, hermanas, cuñados y sobrinos, viví un momento especialmente tierno. El más pequeño de los niños, un bellísimo bebé de cuatro años, amaneció aquejado con un dolor de estómago, debido quizá al cambio de agua y alimentación. Había llorado mucho, manteniendo a su mamá ocupada por varias horas.

Cuando finalmente ella decidió dedicarse un poco de tiempo para cumplir con un compromiso que todos teníamos, el bebé comenzó a llorar de nuevo. Estábamos en el tiempo en que teníamos que salir, pero lo cargué e inmediatamente puso su cabecita sobre mi pecho, de repente hubo una lucha en mi mente, era necesario salir en ese instante si quería ser puntual. ¿Pero qué era más importante?

Afortunadamente, pude discernir y me quedé con mi sobrinito. Fui a la cama y lo acosté sobre mi pecho, pensé lo afortunada que era de poder tener a ese hermoso niño conmigo. Comencé a respirar suave y lentamente, como tratando de atrapar ese instante, de no dejarlo escurrirse con el afán. De repente, mi respiración y la de él se acompasaron y nuestros corazones comenzaron a latir al mismo ritmo. El bebé dormía profundamente y mi corazón se llenaba de un sentimiento indescriptible, de la bendición de Dios. Entendí entonces que no hay tesoro más preciado que la familia que Dios nos ha dado.

"Cuán bueno es que los hermanos estén juntos en armonía, porque allí envía el Señor bendición y vida eterna". Salmo 133:1-3.

Tu tesoro más preciado

"El protagonista"

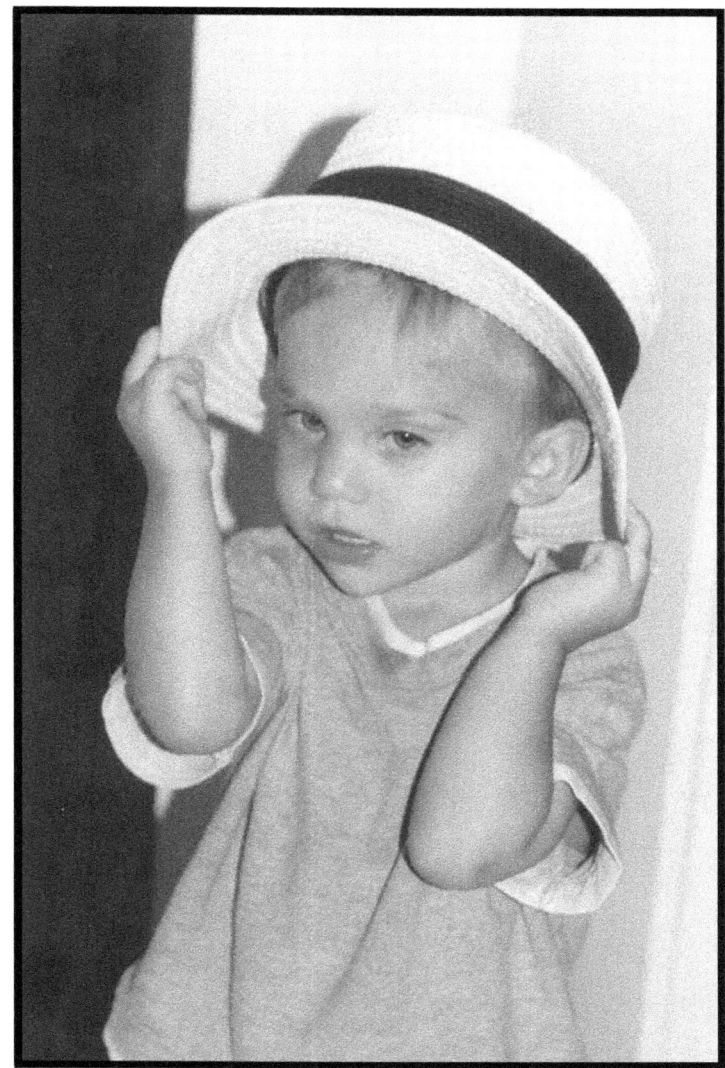

Rosalía Moros de Borregales

Sobre experiencias de vida

Reflexiones para Venezuela

Cuando a la gente buena le suceden cosas malas

En memoria de Elizabeth Hannah Moros-Eddinger

Hoy quisiera compartir con Uds., en esa intimidad que se suscita entre el que escribe y sus lectores, una de las experiencias más dolorosa y al mismo tiempo extraordinaria que he vivido. Pertenezco a una familia de nueve hijos, todos sanos y felices. Mi mamá, como dicen los médicos, tuvo 9 gestas y 9 paras; es decir, todos sus embarazos tuvieron un feliz término y todos nacimos saludables. Todos hemos tenido hijos "sanos", con excepción de mi hermana María Aurora, la penúltima. La tía más querendona y tierna que Uds. se puedan imaginar, la dulzura hecha persona, que se vuelve pura miel con un bebé.

Ella no se embarazó sino hasta un poco avanzados los treinta y tuvo una hermosa bebé, a quien llamaron Elizabeth. Ya desde que la cargaba en su vientre sabía que Elizabeth tenía problemas de salud, pero ella no quiso detener su existencia, sino que decidió tener a su bebé y ponerse en las manos de Dios. Cuando la niña vio la luz de este mundo, mi hermana no pudo tenerla en su regazo, ni acariciarla, ni darle el alimento de sus pechos.

Inmediatamente fue llevada a cuidados intensivos y los médicos le pronosticaron dos semanas de vida. Elizabeth había nacido con un raro síndrome llamado Trisomía 18.

Recuerdo cuando la conocí, sus ojos grandes y vivaces me impactaron, su menudo cuerpecito invadido por todos esos "cables" conmocionó hasta la fibra más profunda de mi ser. Deseé cargarla y estrecharla contra mi pecho, y de alguna manera milagrosa infundirle la vida a través de la fuerza del inmenso amor que sentí por ella, desde el mismo instante en que mis ojos la vieron por primera vez. Al mismo tiempo, deseé poder consolar a mi hermana; me sentí tan impotente en el intento. La abracé, la besé, oré por ella, le cociné cosas ricas y la cuidé con todo mi cariño. En las largas jornadas en las cuales se extraía la leche de sus senos, para que a través de una sonda se la suministraran a la bebé, le leía la Biblia y cantábamos juntas algunas canciones.

¡Me impresionaba la fuerza de su amor! A medida que pasaban los días su anhelo por estar al lado de su hija la consumía de tal manera, que fue capaz de hacer en medio turno todo el trabajo de un día, durante los cinco meses que vivió Elizabeth. Cuando llegaba al hospital su cara se iluminaba y a pesar de las limitaciones ocasionadas por la incubadora, ella la besaba, la abrazaba y le decía cuanto la amaba. Recuerdo que uno de los médicos dijo que la única razón por la cual esa niña seguía viviendo, era por el inmenso amor que su madre le prodigaba cada día. Otro doctor, la llamaba "mi pequeña roca" haciendo alusión a lo luchadora que era la bebé; que cada vez que pensaban que moría, los sorprendía a todos recuperándose de la gravedad.

Las dos lucharon por la vida y se aferraron a un amor indescriptible, imposible de expresar con palabras. Un día llegó el momento más doloroso, el de la partida, y Elizabeth se fue al Cielo. Mi hermana lloró y aún sigue llorando a su preciosa niñita, aún la ama y anhela el día en que se encuentre con ella. Mi hermana tiene la esperanza de la vida eterna, y esta esperanza la llena de alegría. Ella se siente privilegiada de haber sido escogida por Dios para ser la mamá de Elizabeth.

Ella ha comprendido, en una dimensión mucho más profunda que nuestro plano terrenal, que para Dios la vida de todos tiene un significado que trasciende nuestro entendimiento. Ella ha comprendido que lo que a los ojos del hombre puede ser imperfecto, bajo la mirada de Dios y de los ojos de nuestro corazón se ha convertido, en su vida, en el amor más sublime que jamás soñó.

"Estas cosas os he hablado para que en mí tengáis paz. En el mundo tendréis aflicción, pero confiad, yo he vencido al mundo". Juan 16:33

Cuando a la gente buena le suceden cosas malas

María Aurora y su hija Elizabeth

Reflexiones para Venezuela

Cuando la gracia de Dios me alcanzó

Corría el año 1978, mi padre se había retirado de su trabajo en las comunicaciones y nos habíamos mudado al sur del país donde mi papá se dedicaba a la agricultura. Una vez a la semana nos reuníamos a "rezar en familia", pero ese día mi padre anunció una reunión extraordinaria, había recibido una llamada en la que le informaban que un tío, hermano de mi madre, estaba gravemente enfermo; por lo cual papá nos reunió a todos para interceder por el tío.

Debido al calor decidió que nos fuéramos de la sala a la habitación de ellos, la cual era suficientemente amplia y el aire acondicionado nos salvaba de los 40º C que nos agobiaban sin siquiera hacer un esfuerzo. Estando en la habitación nos pidió que nos arrodilláramos alrededor de la cama y después de haber "rezado" nos pidió que hiciéramos un ejercicio espiritual, el cual consistía en hacer una oración personal en voz alta, expresando con nuestras propias palabras nuestra gratitud, peticiones y alabanzas a Dios. Esta era realmente una forma nueva de oración para todos nosotros. En mi interior me sentí emocionada de hacer aquel extraño ejercicio y mientras otros oraban, en mi mente, no podía pensar de qué forma lo haría cuando tocara mi turno.

Sorpresivamente un pensamiento me inundó y disipó todos los demás que se agolpaban en mi mente inquieta. Lo único que quería era expresarle a Dios que quería que Él siempre estuviera conmigo y yo con Él. Entonces, llegado el momento, mi corazón se derramó a través de mis labios de los cuales brotaban palabras de amor y gratitud a Dios con tanta fluidez que yo misma estaba sorprendida.

Sin saber de qué manera, de repente me encontré a mí misma acostada en el piso, con mis manos levantadas hacia el cielo, con un sentimiento de amor tan grande que embargaba mi ser entero y me hacía llorar, sin sentirme triste, sino sintiendo una paz que llenaba toda la habitación y que me arrullaba. Era como un fuego que ardía dentro de mi corazón, como un ansia de alcanzar al Señor.

Mis padres y una de mis hermanas mayores que estaba visitándonos por un tiempo, al verme, sin entender lo que me pasaba, se acercaron a mí tratando de consolarme, pero como cuenta mi padre, al ver la expresión de serenidad en mi rostro se contagiaron y ellos mismos comenzaron a expresar sus alabanzas a Dios.

Desde aquel día quedé grabada con ese fuego para siempre. Los días siguientes, con tan solo 13 años, me dediqué a leer el Nuevo Testamento con una devoción desconocida por mí hasta ese momento. Era un anhelo de saber más y más; y mientras más leía, más sorprendida estaba de ese Dios que un día había sido un ser muy lejano, pero que por alguna razón que yo no entendía, ahora era alguien a quien amaba y a quien mi alma anhelaba cada día más.

Hoy entiendo que fue un regalo. Hoy entiendo que fue una manifestación más de ese amor demostrado en la cruz, donde dio su vida por cada uno de nosotros. Hoy entiendo que fui alcanzada por su gracia infinita que le da oportunidad a cada ser humano.

"Porque de tal manera amó Dios al mundo, que ha dado a su hijo unigénito, para que todo aquel que Él cree, no se pierda, mas tenga vida eterna. Porque no envió Dios a su hijo al mundo para condenar al mundo, sino para que el mundo sea salvo por Él". Juan 3:16-17-

Un amigo como un hermano: José Dovo V.

Hoy tengo el corazón herido, hoy nos llora el alma a mi esposo, a nuestros hijos y a mí. Nuestro amigo se ha ido sin despedirse, intempestivamente, sin permitirnos darle un último abrazo…

José: Con un corazón lleno de amor y desbordante de emociones escribiste tu mensaje de fin de año, deseando lo mejor para cada uno de los que tuvimos la dicha de conocerte y estar entre los que considerabas tus amigos. En ese momento, ninguno podía ni tan siquiera pensar que no estarías con nosotros este año, ni los siguientes. Te fuiste y has dejado un gran vacío que no se llenará, solo el paso del tiempo podrá apaciguar el dolor de tu falta, solo Dios podrá ayudar a tus seres más queridos a vivir cada día sin ti.

Recuerdo como nuestros hijos se conocieron y llegaron a ser tan unidos como hermanos; su amistad profunda, cariñosa y dicharachera nos involucró a los padres, y pronto llegamos a ser una extensión de esa hermosa amistad. Te convertiste en el tío Pepín, en José, en el papá amigo. El hombre que cuando abría su

Un amigo como un hermano: José Dovo V.

casa, abría con ella su alma y hacía partícipe de su amor a nuestros hijos, quienes pronto comenzaron a pedirte la bendición y a sentirte como ese hombre bondadoso que siempre fuiste.

Tu hijo se convirtió también en uno nuestro; sus grandes ojos negros nos cautivaron el alma y con dulzura en nuestro corazón comenzamos a darle ese "Dios te bendiga" también. Tu esposa se convirtió en esa amiga confidente, en ese brazo solidario con quien todos deseamos contar en la vida. ¡Tú y toda tu familia han sido siempre una bendición para nosotros!

Los muchachos están conmovidos como nunca, les duele mucho el dolor de tu partida; y quizá, más aún, les duele el no poder consolar a tu hijo. Como verdaderos hermanos han rogado por él, han suplicado por tu esposa, para que la profunda paz de Dios venga a sus corazones.

A tu amigo Leo le has causado una gran conmoción, puso toda su sapiencia y la de sus colegas a tu servicio, se esmeró por ayudarte a superar ese momento tan duro, pero finalmente te fuiste y por eso nos llora el corazón.

Fuiste un hombre lleno de éxitos, amado por tu bella esposa y por tu dulce hijo con profunda pasión, con admiración y respeto. Una pareja y una familia como pocas en el mundo actual. Fuiste un testimonio de un hombre de familia; fuiste un luchador y un hombre de gran corazón, bondadoso y benefactor de muchos.

Lloraremos tu partida largamente y cuando el tiempo calme el dolor, tu recuerdo permanecerá en nosotros para inspirarnos y seguir manteniendo estos vínculos de amistad con tu familia; para ser sus amigos por siempre, para darles nuestro amor y seguir pidiéndole a Dios que bendiga sus vidas y los consuele como solo El puede hacerlo.

José Dovo Valcarce

Reflexiones para Venezuela

Tesoros escondidos de nuestra Patria

Son múltiples las noticias que nos causan desasosiego, muchos los espacios dedicados a informar hechos ocurridos en nuestro país de los cuales no quisiéramos haber oído jamás. Se repiten aquí y allá, ocupan la radio, el cine, la televisión y todos los medios escritos. Sin embargo, aunque no se reseñen y se exalten como bien se lo merecen, en nuestro país también suceden cosas que nos dejan el alma impregnada de un sentimiento tan sublime como indescriptible.

Hace unos cuantos meses pude percibir en una linda joven a quien tengo la dicha de conocer, el entusiasmo genuino de quien hace algo que le apasiona. Ella fue una gimnasta consumada durante 11 años de su vida, en los cuales ganó muchas medallas para nuestro país. Hoy es una excelente estudiante de Medicina que respondió al llamado de su entrenadora de la infancia y decidió compartir el apretado tiempo de sus estudios para entrenar a un grupo de jóvenes especiales en Gimnasia Artística y Rítmica.

Durante largos meses su constancia y tenacidad estuvieron al servicio de un grupo de ocho gimnastas con síndrome de Down, 2 apuestos jóvenes y 6 preciosas niñas y adolescentes. Durante todas estas horas de entrenamiento y a medida que se iba perfeccionando cada movimiento; el corazón de estos querendones muchachos fue entrelazándose con el corazón de esta joven y todo el equipo que de una u otra forma estuvieron allí para asistirles. Todo su esfuerzo estuvo dirigido a la gran meta que les esperaba en la tierra de Platón (Atenas-Grecia), la tierra en donde por primera vez se celebraron juegos olímpicos, y que en esta oportunidad fue la sede de los Juegos Mundiales de verano de las Olimpiadas Especiales 2011.

Es sencillamente maravilloso, un deleite para el alma, ver las fotos y algunos videos de la participación de estos ocho atletas en Grecia. Como el hermoso emblema de las Olimpiadas Especiales, ellos ocho brillaron como el sol, derrochando vida en cada uno de sus movimientos, coronados todos con una sonrisa. Dejaron plasmada la excelencia en cada una de sus competencias de salto, de barras paralelas, de barras fijas, en el potro, en la viga; con el aro, la pelota, la cinta, etc., ganando 31 medallas, entre las cuales se cuentan 15 de oro. Mostrándole así al mundo y muy especialmente a nuestra nación, que con determinación y entusiasmo se alcanzan los logros y que lo más importante de cada movimiento es el espíritu del hombre detrás de cada uno de ellos.

Al pensar en el camino que han recorrido los padres de estos gimnastas, pienso que la vida no es una ecuación matemática; que no todo lo vamos a entender con nuestro intelecto; que no siempre habrá una explicación que nos aclare el panorama. Siento que hay seres que pasan desapercibidos, que pueden darnos lecciones más profundas e importantes que otros a quienes les rendimos admiración, respeto y hasta devoción. He sentido que las cosas más complejas de la vida se vuelven más sencillas cuando cambia la actitud de nuestro corazón.

Al pensar en Valentina Báez Sosa, esta linda joven de quien les he estado hablando, siento que ella tomó a este grupo de jóvenes, como quien toma un diamante en bruto y le muestra al mundo todo su esplendor; siento que ella se ha dejado seducir por el amor de estos seres "especiales", convirtiéndose en una persona que valora más lo intangible; que valora más lo que tiene forma de lágrima, de sonrisa, de mirada profunda y de abrazo.

Siento que ella ha entendido que todos hemos venido a este mundo con un propósito que cumplir; que ante los ojos de Dios todos somos valiosos y tenemos un lugar en el que encajamos perfectamente. ¡Enhorabuena Valentina!

"Sólo se ve bien con el corazón; lo esencial es invisible para los ojos".
Antoine de Saint-Exupery

Tesoros escondidos de nuestra Patria

Solo se ve bien con el corazón   Cecilia Moros M.

Reflexiones para Venezuela

El llanto se convertirá en gozo

En algún momento de nuestras vidas todos enfrentamos el dolor y la inmensa soledad que produce la pérdida de un ser querido. También en algún otro momento sentimos el dolor de otros y nos lamentamos por ellos. Como bien dijo el poeta Andrés Eloy Blanco: "Cuando se tiene un hijo, se tienen todos los hijos de la tierra, los millones de hijos con que las tierras lloran".

Crecí en un país, en esta Venezuela, el país de mis padres y de mis abuelos. Un país donde todos éramos tan solo venezolanos, tanto el muchachito de la cara sucia por el raspao como el muchachito de la cara sucia por el helado. Pero ahora vivimos en un país donde abunda la maldad, donde los valores y principios cristianos sencillamente no están, ni en la mente, ni mucho menos en los corazones de la mayoría. Las palabras del poeta quedan solo para unos cuantos, unos pocos que si sienten que "cuando se tiene un hijo se tiene al hijo de la casa y al de la calle entera". Que "cuando se tiene un hijo, se tiene al mundo adentro y el corazón afuera"…

Qué tristeza ver cómo la cosecha de odios ha sido tan abundante. Cuánta tristeza embarga nuestras almas cuando vemos, oímos y sentimos el odio expresado a su máxima potencia por aquellos que tienen el poder para acaparar los medios de comunicación y a través de ellos lanzarnos su veneno. Lo trascendente es saber que esas miserias humanas solo pueden emanar de un corazón lleno de toda suerte de bajezas. Recuerden: "Porque de la abundancia del corazón habla la boca. El buen hombre del buen tesoro de su corazón saca lo bueno, y el hombre malo, del mal tesoro saca cosas malas". (Mateo 12:35) Lo trascendente es levantar nuestras cabezas en alto, es no devolver el insulto insolente, es no rebajar nuestro corazón a las mismas bajezas, es no convertirnos en la misma miseria humana.

Un pasaje bíblico cuenta sobre la tristeza de Marta y María. Ellas habían perdido a su hermano y Jesús no estaba allí para el momento de la muerte. Días más tarde cuando ellas vieron a Jesús llegar le dijeron: "Maestro, si hubieras estado aquí, nuestro hermano no habría muerto". (Juan 11:21). Sus almas sufrían de la soledad que causa la pérdida. Mas adelante, un versículo muy corto dice que Jesús fue a la tumba de Lázaro, y allí ante la tumba: "Jesús lloró". (San Juan 11:35). Lloró porque entiende nuestro dolor, porque entiende nuestra tristeza.

Sin embargo, Dios no nos promete que estaremos libres de dolor. Él les dijo a sus discípulos: "En el mundo tendréis aflicción, pero confiad, yo he vencido al mundo". (Juan 16:33). Las lágrimas, inexorablemente, correrán por nuestras mejillas, pero aquellos que han creído, del fondo de sus corazones sentirán brotar una paz que sobrepasa todo entendimiento humano, la cual se convertirá en fortaleza para sus vidas.

Es en Dios donde encuentran consuelo nuestros corazones, Él es quien llena todo vacío de nuestro ser interior, porque nuestras almas nunca estarán satisfechas hasta que humildemente lleguemos a su presencia, arrepentidos, reconociendo su grandeza, nuestra insuficiencia, su poder, nuestra debilidad.

La fama y el dinero pueden darnos cierta alegría, una alegría tan pasajera que se evaporará en un instante, cuando la tierra gire, y el dolor del otro me toque, ahora, a mí.

El dinero puede comprar mucho, casi todo, hasta voluntades humanas, pero nunca alcanzará para comprar la paz que solo viene del corazón de Dios para aquellos que le reconocen y le aman. Para esos es la promesa: **"Y cambiaré su llanto en gozo, y los consolaré y los alegraré de todo su dolor".** (Jeremías 31:13)

El llanto se convertirá en gozo

El gozo

Reflexiones para Venezuela

El perdón hace el camino

Una de las cosas más difíciles de la vida es el perdón. ¿Y quién de nosotros no ha estado alguna vez en una situación donde ha tenido que perdonar, o ha dependido del perdón de otros? Indudablemente, que este es siempre un tema difícil de abordar porque conlleva mucha tristeza y dolor. Muchas veces cuando no logramos perdonar, esa falta de perdón se convierte en una sombra de culpa que nos agobia en el camino de la vida. Otras veces, muy pocas pero verdaderas, nuestras vidas se llenan de gozo con la liberación que proporciona tanto el perdonar como el ser perdonados.

Hace un tiempo estuve en una boda muy especial. Era la boda de dos personas que habían estado divorciadas por ocho años y quizá separadas por más tiempo. Ellos se amaron desde que eran jóvenes y formaron un hogar, el cual Dios bendijo con tres hermosas niñas. Al pasar de los años sus vidas se desviaron del propósito de Dios para con ellos y su hogar. Él se alejó de Dios y en consecuencia de todo lo bueno y recto. Ella como valiente leona cuidó de su hogar y luchó hasta lo último por mantenerlo, sin embargo, un día tuvo que alejarse.

En medio de la tristeza de la soledad él sintió desesperación. Cuando todos los caminos se cerraron y llegó a un callejón donde su única salida fue elevar su mirada al cielo, entonces gritó desde lo más profundo de su corazón a Dios y Él lo escuchó. Cuando vino ante los pies del Señor arrepentido, un nuevo camino se abrió ante sus ojos. El perdón de Dios lo liberó. Pero aún tenía que transitar el camino del perdón con su familia. Ahora comenzaba el proceso de reconstrucción. Mucha agua corrió debajo del puente; días y noches de esfuerzo. ¡Levantarse de las ruinas, entregarse a Dios y confiar en Él!

Poco a poco la familia comenzó a abrirle de nuevo su corazón. Primero cada hija, luego su ex-esposa. Cada momento fue sublime. El perdón comenzó a sanar las heridas de sus almas, la relación comenzó a profundizarse y Dios les dio a todos las fuerzas para dejar el pasado atrás. Llenos de esperanzas decidieron emprender de nuevo una vida juntos. Todos los que por años habían llorado su dolor, todos los que constantemente hicieron oraciones por ellos estaban allí; aun los que la distancia separaba físicamente, estuvieron presente en sus cartas y mensajes cibernéticos. Todos fuimos testimonio de un milagro de Dios, del más hermoso de sus milagros. ¡De la transformación del alma!

El Señor es bueno, Él nos ama más allá de lo que podemos entender. Cuando venimos humildemente delante de su presencia, Él como padre amante siempre tiene los brazos abiertos para recibirnos. ¡Cuánta alegría hay en los Cielos cuando una vida es restituida! ¡Cuánta más alegría hay cuando una familia es restituida! Porque el Señor Jesús vino para que tengamos vida y para que la tengamos en abundancia. Aquel que viene a Jesús, Él no lo echa fuera. Más aun, cuando uno de los suyos se aleja, Él deja a los que están seguros bajo su abrigo y va en busca del que está perdido. ¡Él es fiel!

Muchos están viviendo una vida llena de dolor, una vida de amargura y desesperación. Tan solo el pensar en el perdón desgarra nuestras almas. Todo nuestro ser se opone en una batalla agotadora que nos deja exhaustos. Humanamente no somos capaces de conceder el perdón, pero con cuanta ansiedad lo anhelamos cuando estamos del otro lado.

El perdón es una fuerza liberadora que actúa sanando el alma y trae bendición a los que valientemente le conceden un lugar en sus vidas.

El perdón hace el camino

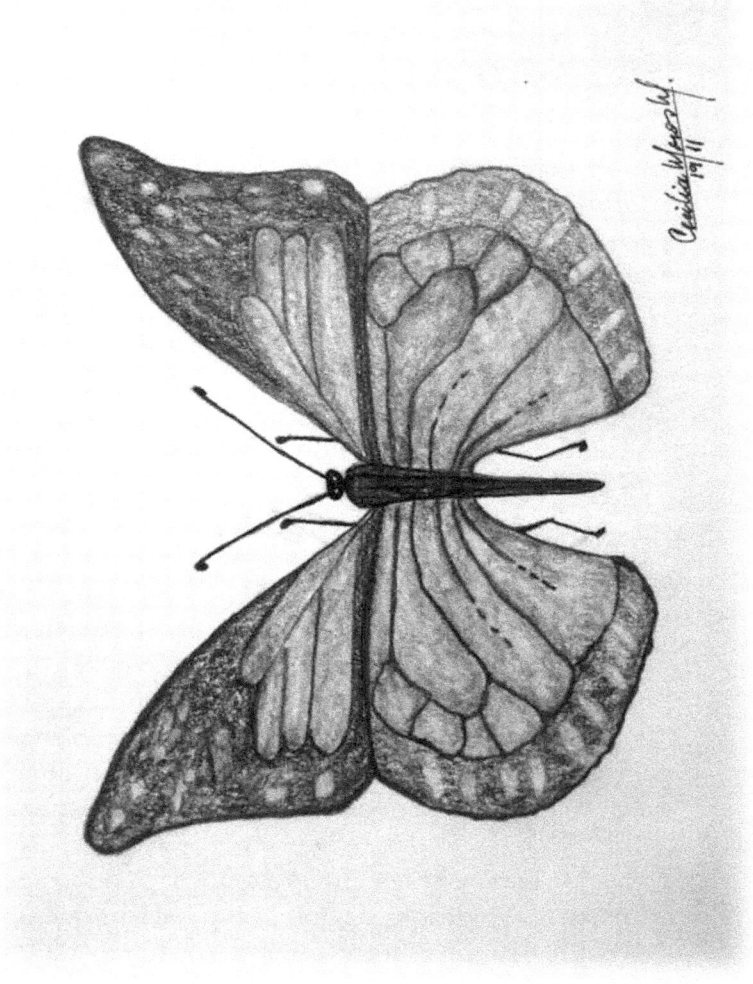

La metamorfosis del perdón — Cecilia Moros M.

Escogí la paz, no sé hasta cuando

Caminando en medio de ese río de gente que quiere un cambio, y que cree en la libertad, mis ojos se encontraron con una pequeña pancarta sostenida en lo alto por una joven con cara de esperanza, pero también con determinación. La pancarta decía así: **ESCOGÍ LA PAZ, NO SÉ HASTA CUANDO.** Entonces pensé, esto es un grito de su alma, es un clamor de su corazón que está diciendo: —Mírenme estoy aquí, quiero la paz, y ella es mi arma, pero no sé hasta cuando.

En mi corazón de madre venezolana, sentí un inmenso dolor por esta joven, y en ella por todos los niños y jóvenes de Venezuela. Sentí que en ella se conjugaban todos los sentimientos de frustración de todos los venezolanos, de todos aquellos que han creído, y más aun que han ejercido su fe dando siempre lo mejor de ellos por este país, con la esperanza de poder abrazarlo, aferrándose a él, para no dejar que se lo arrebaten.

Lamentablemente, estamos viviendo rodeados de mentira, rodeados de hombres perversos que no han escogido la paz. Hombres que se disfrazan de buenas intenciones, pero su fin es el de adueñarse de un país y subyugarlo. Hombres que traspasan los límites de nuestra imaginación maquinando sus estrategias de maldad; hombres que compran el alma de los débiles hambrientos y juegan con su ignorancia, manipulándolos como marionetas a su antojo.

Pero hay una fuerza que traspasa a todas, una fuerza que va más allá de nuestro entendimiento humano. Esa fuerza viene del hombre interior, nace de una profunda amistad con Dios; no produce muerte sino vida, no se traduce en más dolor, no se compra al mayor, ni tampoco se ejerce con los hierros. Esa fuerza es la que esa bella joven escogió: LA PAZ.

Pero ¿cómo podemos adquirirla? ¿Acaso tiene precio de venta? ¿Cuánto tiempo dura? ¿Tiene garantía?, ¿Es solo para unos pocos privilegiados? o ¿Puede poseerla todo el que la quiera? ¡Si! Es gratuita y está a la disposición de todos. Es la paz que Jesús te ofreció cuando dijo: **"La paz os dejo, la paz os doy; yo no os la doy como el mundo la da. No se turbe vuestro corazón, ni tenga miedo".** Juan 14: 27.

Lo único que tenemos que hacer es decidir abrazarla, sabiendo que el Dios que la proporciona es justo y fiel, sabiendo que sus pensamientos para con nosotros son de bien y no de mal, y que nos dará el ser fortalecidos en nuestro hombre interior por su Espíritu, para continuar siempre abrazados a su paz, en donde no hay lugar para el miedo.

Sabemos que la historia de la humanidad está llena de ejemplos de aquellos que escogieron el odio como arma, y de otros que escogieron abrazar la paz de Dios y seguirla. Vienen a mi mente aquellas palabras de

Gandhi, y con todo mi corazón se las dedico a la joven que le dio título a esta reflexión, con la esperanza de que su próxima pancarta diga: ¡Escogí la paz para siempre! He aquí las palabras:

"**Cuando desespero, recuerdo que en la historia del mundo los caminos de la verdad y el amor siempre han ganado. Ha habido tiranos y asesinos, y en un momento parecieron invencibles, pero al final, siempre han caído, piénsalo, siempre.**" Gandhi.

"**Dios es tu escudo protector, la espada de tu triunfo**"
(Deuteronomio 33:29)

Escogí la paz, no se hasta cuando

*Tu paz
interior es
la paz del
mundo*

*Cecilia
Moros M.*

Reflexiones para Venezuela

Amigos que dejan huellas

En el curso de nuestras vidas podemos llegar a hacer contacto con cientos de personas, en el camino podemos ver pasar a miles a nuestro alrededor. Nuestras decisiones afectan directa e indirectamente a muchos más de lo que podemos imaginar. A su vez, somos influenciados por lo que los que nos rodean piensan y hacen. El mundo es un interactuar constante de seres humanos que se teje increíblemente como una red sin límites, sin embargo, en todos esos azarosos encuentros solo unos pocos llegan a convertirse en nuestros verdaderos amigos.

Al indagar en el origen de las palabras "amigo" y "amistad" encontramos que hay diversas opiniones. Por una parte, hay quienes afirman que la palabra "amigo" proviene del latín *amicus* y que esta a su vez proviene de la palabra latina *amoe*. *Amicus* o *amica* son entonces aquellos que ejecutan la acción de amar; y amar o *amore*, en latín, proviene de la raíz indoeuropea *amma*, la cual es la voz infantil para llamar a la madre. Por otra parte, hay otros que afirman que la etimología de esta palabra es un vocablo griego compuesto por *a* que significa "sin" y *ego* que significa "yo", es decir, "sin yo". También, hay una tercera opinión un poco menos aceptada, pero muy interesante que expresa que proviene de *animi*, el vocablo latino para llamar al "alma" y *custos* de donde proviene la palabra "custodia". Según esta opinión, un amigo sería el "guardián de tu alma".

Más allá de cual sea el origen verdadero de esta palabra, todas estas posibilidades nos expresan la esencia de su significado. El primer amigo que tenemos al llegar al mundo es nuestra madre, ella es la primera en amarnos sin el "ego" y se convierte en la guardiana de nuestra alma. En algunas ocasiones bienaventuradas, también nuestro padre se convierte en nuestro amigo. Dentro de nuestro núcleo familiar, los hermanos pueden llegar a ser los amigos de toda la vida. Muchas veces los primos también se convierten en esos seres que cautivan nuestras almas a través de su amor. Sin embargo, la mayoría de las veces, los verdaderos y grandes amigos los encontramos caminando por la vida y nuestras almas se enlazan en un vínculo que puede llegar a ser inolvidable e indestructible.

Saber que podemos contar con alguien en todo tiempo, que tenemos un refugio a donde acudir en momentos de angustia, alguien con quien compartir nuestras alegrías es algo sencillamente maravilloso. Pero, en el mundo actual nos caracterizamos por conocer a mucha gente y tener pocos amigos. La prisa con la que vivimos no nos permite profundizar en las relaciones interpersonales; nos imponemos infinidad de actividades en las que el trato entre las personas se mantiene a nivel de la superficie, en donde reconocemos rostros pero muy pocas veces llegamos a conocer corazones. Juzgamos por las apariencias y raras veces llegamos al alma detrás de nuestro juicio.

Tengo guindado arriba de mi escritorio un cuadrito que me regaló el mejor amigo que me ha dado

Dios en la vida, mi esposo. En él están escritos algunos pensamientos de Eleonor Roosevelt, los cuales nos dan claves para ser un verdadero amigo y reconocer a los nuestros:

"Las grandes mentes discuten ideas; las mentes comunes discuten acontecimientos; las mentes pequeñas discuten sobre la gente. Para lidiar contigo mismo usa la cabeza; para lidiar con otros usa tu corazón. Mucha gente entrará y saldrá de tu vida pero solo los verdaderos amigos dejarán huellas en tu corazón".

Amigos para siempre

Reflexiones para Venezuela

Cosas buenas que pasan en nuestro país

En Venezuela pasan muchas cosas de las que no quisiéramos escuchar nunca. Pero hoy quisiera dedicarle este humilde espacio a una acción excelente que están llevando a cabo unas mujeres extraordinarias. Les estoy hablando de una asociación civil sin fines de lucro llamada **SENOSAYUDA.**

A través de los proyectos sociales de la Universidad Metropolitana he tenido el honor de trabajar con esta asociación, la cual cuenta con el apoyo institucional de la Sociedad Venezolana de Mastología y cuya misión es: "Promover la educación de la población en cuanto a la prevención, detección temprana, curación y supervivencia (con calidad de vida) del cáncer de mama".

Ellas son un grupo de bellas y dinámicas mujeres, quienes están totalmente comprometidas con esta noble causa de educar a nuestra población en este aspecto. Su principal objetivo es que cada vez más venezolanos sepan cuál es el mejor camino para evitar tan terrible enfermedad, el cáncer de mama. Están muy bien organizadas y cuentan con el cariño de muchas personas e instituciones. Una vez que las conoce, usted queda encantado con su optimismo y excelencia.

Es increíble ver como una labor tan digna surge de una experiencia tan terrible. Su fundadora, la Señora Bolivia Bocaranda, la coordinadora de Educación, la Licenciada Mercedes Hidalgo de Quevedo y muchas de sus voluntarias y colaboradoras son sobrevivientes de cáncer de mama. Son, como ellas mismas se denominan: "modelos de vida"; pero como también ellas reiteran continuamente, "modelos" no porque tengan las esculturales medidas que busca Osmel (90-60-90), sino porque sobrevivieron a la enfermedad y ahora viven con calidad de vida.

¡Y vaya que viven! Son un motor encendido que genera una poderosa energía que rápidamente se contagia. Trabajan incansablemente, como esas hormiguitas que pueden pasar desapercibidas en algún momento, pero que mientras otros piensan qué hacer, ellas están laborando, llevando una valiosísima información, la cual muchas de ellas habrían querido tener años atrás.

Y es que la prevención es hoy en día la mejor arma contra cualquier enfermedad. Nada nos puede garantizar que no padeceremos de alguna de ellas, pero sí podemos poner todo lo que está de nuestra parte en prevenirlas. Las estadísticas se han incrementado en los últimos años, e incluso se están viendo con más frecuencia casos de personas muy jóvenes. Es decir, que no hay excepciones ni por edad, ni por sexo, ni por raza, todos podemos padecer cualquier enfermedad y específicamente de cáncer de mama.

Entre las experiencias que hemos tenido llevando las charlas de SENOSAYUDA a diversas instituciones, una en particular fue extraordinaria. Tuvimos un ciclo de 5 días de charlas (dos diarias) en el Colegio La Salle La Colina, donde fuimos calurosamente recibidos por sus directores, junto con todo su equipo de trabajo. Pero más allá de este recibimiento, tuvimos el corazón de sus alumnos y alumnas abierto de par en par. Estos increíbles jóvenes escucharon atentamente toda nuestra exposición, mostraron respeto hacia nuestra labor y expresaron sus dudas haciendo preguntas respecto al tema. Fue toda una jornada llena de conocimiento, amistad y respeto. A ellos nuestro más sincero y afectuoso agradecimiento.

Ojalá que el ejemplo de SENOSAYUDA sea seguido por muchos venezolanos, ya que el cambio de un país viene de su gente, de gente como esta, que trabaja, que dedica sus vidas al servicio de otros.

Reflexiones para Venezuela

Vencieron al horror

Cuando era niña me llamaba mucho la atención la historia del pueblo de Israel. Además, tengo la bendición de tener un padre amante de la Biblia que nos inculcó respeto y admiración, no solo por el pueblo judío del Antiguo Testamento, sino por todos los judíos del mundo y de la historia. Leí unos cuantos libros que marcaron mi pensamiento, vi unas cuantas películas que convirtieron en imágenes vívidas el terror que me contaron las letras de los libros y tuve la oportunidad de visitar el museo de la casa de Ana Frank, en Amsterdam, Holanda.

Sin embargo, una cosa es leer libros y ver películas históricas y otra es estar en una sala con sobrevivientes del holocausto, escuchando de sus propias bocas la historia particular de cada una de sus vidas; sintiendo como se conmueven desde lo más profundo de sus corazones; viendo como corren profusamente las lágrimas de sus ojos aún después de sesenta años… Eso es una experiencia única, porque hace que cobre vida y convierte en una realidad palpable lo que hasta hoy era historia.

Tuve esa oportunidad en este día cuando asistí a una charla en el marco de la conmemoración de los sesenta años de Auschwitz, en la Universidad Metropolitana.

Cuatro hermosas y valientes personas que estuvieron en este y otros campos de concentración, nos contaron sus historias. Historias terribles, llenas de dolor, desesperación y angustia. Historias que nos revelan cómo la dignidad del ser humano fue vejada hasta el punto que nuestras mentes difícilmente pueden imaginar semejantes hechos…

Pero más allá del horror que todo su ser experimentó y de esa huella imborrable que está marcada en sus vidas, estas cuatro personas expresaron un sentimiento de amor a la vida, que se transmitió a la audiencia como el perfume que se esparce más allá del que lo usa e impregna el lugar por donde pasa. Particularmente me sentí envuelta en esta atmósfera. Mientras hablaban, los pensamientos se agolpaban en mi mente, me preguntaba cómo habían podido vencer tal horror, cómo habían vivido todos estos años sin haberse dejado minar por la amargura.

Mientras reflexionaba en estos pensamientos, recordé las palabras de mi padre cuando nos decía que los judíos son el pueblo escogido de Dios. Solamente de Dios puede venir la fortaleza para vencer tanto dolor, solamente Dios puede restaurar vidas destruidas de tal manera y convertirlas en fuente de inspiración para otros. Me sentí privilegiada de haber tenido la oportunidad de estar en esa sala. Mi admiración creció, y mi corazón cristiano elevó una oración a su Dios, a mi Dios, a nuestro Dios para que les bendijera la vida, vida que después de tantos años aún viven con tanto amor.

Es necesario que la voz de estas personas sea escuchada en muchos lugares, que el pasar de los años no se lleve sus memorias, como el viento que borra el rastro de unas huellas en la arena. Es necesario que sus hijos y los hijos de sus hijos les cuenten al mundo lo que un día, muchos días, millones de personas inocentes vivieron. No solo es necesario que recordemos este horror para que nunca más vuelva a suceder en ningún lugar del mundo, sino también que recordemos que ellos lo vencieron.

"No temas, porque yo estoy contigo; del oriente traeré tu descendencia y del occidente te recogeré, traeré de lejos a mis hijos, y a mis hijas de los confines de la tierra, a todos los llamados de mi nombre, que para gloria mía los he creado, los formé y los hice". Isaías 43:5-7.

Sobre las virtudes

La perseverancia

Sentada plácidamente cerca de la ventana observo la majestuosa montaña que se erige frente a mí. No puedo dejar de admirarla, la he amado desde que era una niña, siempre la busco desde cualquier lugar de la ciudad donde me encuentre, mis ojos siempre la miran y no puedo dejar de maravillarme ante su grandeza. Pero hoy, al contemplarla, mis pensamientos van más allá de su belleza. Pienso que siempre está allí, y me parece que siempre estará, que por lo menos no se desvanecerá tan fácilmente como muchas cosas en nuestro mundo actual.

Entonces, mis pensamientos se agolpan en mi mente y vuelan más rápido de lo que mi mano puede escribir; tratando de capturarlos como el que persigue a un ave, hago mi mayor esfuerzo para expresar lo que siente mi alma en este momento. Sin embargo, mi esfuerzo no es suficiente, no tengo alas y mis pensamientos vuelan incansablemente. Solo me queda la esencia de ellos que me dicen que así como la montaña, así deben ser nuestras vidas: constantes, sólidas, firmes, inconmovibles.

Al rato, mi hijo mayor se acerca para compartir conmigo su nuevo logro en la guitarra. Primero me explica y luego deja mover sus manos suavemente sobre las cuerdas. Escucho una bella melodía, y pienso nuevamente.

La perseverancia

¿Cómo no ha de escucharse bella si él la ha practicado día tras día? ¡Me lleno de regocijo! En mi corazón estoy segura de que él ya sabe uno de los secretos de una vida plena. Él, mi hijo, sabe que algo que se anhela no llega por solo desearlo, sino que necesita trabajarlo. Y cuando lo ha alcanzado, después de haberlo intentado muchas veces; entonces en su cara brota esa expresión de alegría profunda, que es serena, que llena, pero que no hace bulla sino que habla en silencio.

Converso con él, compartimos una galleta de canela que a los dos nos encanta. Disfruto el momento, lo respiro, lo vivo intensamente, casi quisiera prolongarlo, no dejarlo extinguirse… Entonces, pienso nuevamente en la montaña, que siempre está allí, que siempre mis ojos la ven. También, esta vez, pienso en todas las cosas que no puedo ver, que no puedo palpar con mis sentidos, pero que indescriptiblemente también están siempre allí o aquí, y que son más reales que la majestuosa montaña que mis ojos físicos pueden ver.

Respiro profundamente, como para sentir más intensamente este hermoso momento. Entonces le pregunto: ¿Qué es para ti la perseverancia? Sus manos dejan de tocar las cuerdas por un momento, su mirada es profunda y su voz pausada: —No desistir de algo —. Su respuesta me impresiona, es segura y concisa. Sus manos vuelven instantáneamente a las cuerdas. Por unos segundos guardo silencio digiriendo sus palabras: —No desistir— Como para probarlo, mi mirada lo busca, nuestros ojos se encuentran y seguidamente le pregunto: ¿Qué es para ti, "no desistir de algo"? Su respuesta no se hace esperar, viene rápidamente, sin vacilar: —Ser fiel—. Terminamos la galleta, y con la premura de la adolescencia toma la guitarra, se levanta y me dice: Chao Mami, gracias.

He vivido un gran momento con mi hijo, por ese momento vale la pena todo el día, toda la vida. Al instante, mi corazón piensa en lo que quiero compartir con ustedes, en lo que he estado pensando, en la montaña, en la vida, en Aquel que siempre está allí, en las cosas que se ven, y en las que no se ven, pero se sienten y son tan tangibles como lo material. Entonces, me pregunto a mi misma: ¿Cuál era mi tema de hoy? Si, era la perseverancia, pero ya todos mis argumentos han sido resumidos en las respuestas de este joven. ¿Recuerdan sus respuestas?

NO DESISTIR, SER FIEL.

La perseverancia

*Pedro Ángel González
Colección privada*

Paisaje de verano 1957

Rosalía Moros de Borregales

Reflexiones para Venezuela

La bondad

Bajaba de Jerusalén a Jericó, su corazón lleno de esperanza, contento con el fruto de su trabajo y en su mente muchos pensamientos que se sucedían uno tras otro, mientras pensaba en el futuro, en su familia, en la vida que respiraba con profundo agradecimiento. De repente, unos hombres desconocidos se acercan, su corazón comienza a latir más rápido; ve en sus ojos sus intenciones perversas, la alegría es sustituida por el miedo y en un pestañeo yace herido, indefenso, desprovisto de sus posesiones. Sus ojos recorren el lugar, no hay nadie a quien llamar, el dolor lacera su cuerpo y la esperanza de hace unos momentos se desvanece junto con su consciencia.

Un rato después, otro hombre que transita el mismo camino, absorto en sus pensamientos, en todas las obligaciones que le quedan por cumplir. Sus pies van solos por un camino que ha recorrido cientos de veces. Hoy es una oportunidad más, el camino luce tranquilo, nada ha cambiado. De repente, a lo lejos sus ojos ven algo diferente, un hombre que yace en el suelo. ¿Dormido? ¿Enfermo? ¿Muerto? A medida que se aproxima a él, su corazón se acelera, su mente se debate entre el deber hacer y el hacer lo que ya está planificado. Mientras más se acerca sus pensamientos se van tornando más firmes. Es mejor seguir el camino, cumplir con el deber trazado y que otro haga lo debido. Como para acallar a su corazón

La bondad

que le reprende, sus ojos prefieren mirar al lado opuesto, sus pies siguen a sus ojos al otro lado del camino.

Cuando su figura se pierde en el horizonte, otro hombre cuyos pies son conocidos por el camino se aproxima. El camino trata de advertirlo, algo diferente hoy se ha cruzado frente a él. Sus pensamientos divagan en el universo de su mente, no tienen una forma definida, no tienen un propósito, tan solo se suceden uno tras otro como caballos salvajes que galopan en una llanura. Sorpresivamente, sus pies se tropiezan con un obstáculo atravesado en el camino, y es solo en ese momento que sus ojos se dirigen al suelo. Ve al hombre moribundo y piensa; entonces se da cuenta de que hacerse cargo podría traerle desagradables consecuencias. Rápidamente, antes de que su conciencia gane la batalla, cruza la calle y sigue de largo, sin mirar atrás, sin volver el corazón.

Al hombre que yace herido le llora el alma. Dos hombres que han pasado de largo mientras su cuerpo se desangra. En la distancia escucha los pasos firmes y rápidos de otro caminante, pero en su corazón ya no hay esperanza. El tercer caminante es también un hombre lleno de obligaciones y deberes, en su mente también se desbordan los pensamientos, miles que se suscitan una tras otro. Por momentos, piensa en las cosas que van bien y se alegra; pero sin saber como, se encuentra pensando en todo lo que le preocupa. Es un hombre igual que los otros dos, con una vida, un trabajo, una familia.

Solo una cosa es diferente en este tercer caminante, al encontrarse al hombre que yace herido se le acerca y mientras le habla apaciblemente para calmar su ansiedad le va curando las heridas. No tiene mucho de que echar mano, les pone vino y aceite y con sus ropas las venda, luego lo monta en su caballo, lo lleva al hostal y cuida de él. Al otro día tiene que partir, no sin antes sacar de su bolsillo el dinero necesario para cubrir los gastos del hombre herido y encargárselo encarecidamente al dueño del hostal.

Días más tarde, el hombre asaltado despierta sintiéndose restablecido, la esperanza ha llenado de nuevo su corazón, las heridas están casi totalmente sanadas y en su alma hay de nuevo fe en el ser humano. Le pregunta al hostelero quién es su benefactor, el hostelero le mira fijamente a los ojos y le responde: —No puedo decirle su nombre, pero sin duda usted le ha conocido como un **hombre de bondad**.

"La bondad es una cadena de oro que enlaza a la sociedad"
Johann Wolfgang Von Goethe

La bondad

Cecilia Moros M.

El buen samaritano

Rosalía Moros de Borregales

La integridad tiene recompensa

Siempre me ha impresionado la historia de José, hijo de Jacob, en el libro de Génesis. Es una historia en la cual podemos ver, por una parte, como los seres humanos tomamos decisiones sintiéndonos poderosos, sin detenernos a pensar en las consecuencias de nuestras acciones. Y por otra parte, nos muestra como cuando somos íntegros delante de Dios Él guía nuestras vidas haciendo que todo el mal que nos rodea redunde para nuestro bien, bendiciéndonos aun en las circunstancias más difíciles.

Jacob estaba embelesado con José, lo había tenido en su vejez y el niño era la alegría de su corazón. José apacentaba las ovejas en el campo con sus hermanos, pero estos le tenían envidia porque era el consentido de su padre. Además, José tenía sueños que contaba a sus hermanos. Estos sueños revelaban como José, de alguna manera, algún día, estaría en una posición por encima de ellos. Mientras Jacob meditaba en los sueños de José tratando de discernirlos, la envidia iba en aumento en el corazón de sus hermanos y le aborrecían.

Un día José salió al campo para buscar a sus hermanos; entonces cuando estos lo vieron desde lejos, conspiraron contra él y pensaban matarlo. Sin embargo, Rubén, atemorizado de matar a su propio hermano, les dijo que no derramaran sangre, sino que lo ocultaran. Le quitaron pues una túnica de colores que llevaba, la cual le había obsequiado su padre, y lo metieron en una cisterna en medio del desierto. Pero estando allí, pasó una compañía de ismaelitas que iba rumbo a Egipto, entonces negociaron a José por veinte piezas de plata.

Tomaron luego un cabrito, lo mataron y derramaron su sangre sobre la túnica de José, la llevaron ante su padre y le hicieron creer que una bestia del campo lo había devorado… Entonces Jacob lloró a José sin consuelo. Mientras tanto, los ismaelitas vendieron a José a Potifar, capitán de la guardia del faraón de Egipto, quien lo hizo mayordomo de su casa y le entregó todo lo que tenía, porque veía que todo lo que José hacía le salía bien. Aun, dice la Biblia, que Dios bendijo la casa del egipcio a causa de José. Pero la esposa del egipcio puso sus ojos sobre José tratando de seducirlo, sin embargo él fue íntegro y huyó de su presencia. Mas la mujer, no contenta con su rechazo, lo culpó delante de su marido y José fue a parar a la cárcel, pero aun allí, Dios estaba con José y le prosperaba en todo lo que hacía porque su corazón era íntegro.

Después de un tiempo, el faraón tuvo un sueño y como nadie podía entenderlo se acordaron de José, lo trajeron y le contaron el sueño, el cual interpretó (Génesis 41:15-36). ¿Recuerdan el sueño de las siete vacas robustas y las siete flacas? Una vez que José habló, el faraón dijo a sus siervos que no había en Egipto otro hombre más sabio que José y entonces lo elevó dándole poder y autoridad sobre todo Egipto. Vinieron los años de la abundancia y todo lo que José hacía Dios lo prosperaba. Hasta que llegaron los años de las vacas flacas y hubo hambre en toda la tierra y de todas partes venían a comprar en Egipto porque habían oído de la fama de José y de todas las provisiones que había guardado.

Fue así, como también vinieron los demás hijos de Jacob a José, sin saber que él era el hermano a quien habían vendido. Pero Dios es bueno y sabe transformar el mal en bien. Quien una vez había sido desechado se convirtió en la bendición de toda la familia. Fue su proveedor y los salvó de la hambruna.

Cuando mantienes tu integridad, aun en las circunstancias más adversas, Dios tiene la capacidad para transformar todo el mal en bien y ponerte en una posición de bendición, no solo para ti y tu familia, sino para todos los que te rodean.

La integridad tiene recompensa

La integridad

Cecilia Moros M.

Reflexiones para Venezuela

El arte de la paciencia

Es bien conocido por todos ese dicho que reza "el que espera desespera". Es esta la visión que siempre hemos tenido en cuanto al esperar. Vivimos en un mundo en donde el tiempo vale dinero, en donde la prisa es nuestro pan de cada día. Unos tocan corneta en los segundos que toma cambiar el pie del freno al acelerador en la espera del semáforo; mientras otros olvidan los —Buenos días— porque están demasiado apurados para perder su tiempo en esas cosas. Y así se nos pasa la vida, entre corre-corres. Se nos diluye como el agua entre las manos.

Un día leí que alguien le preguntó a Albert Einsten cómo podría él explicar en forma sencilla la teoría de la relatividad, a lo que el sabio contestó: "Muy bien, si alguien es quemado por solo unos instantes con un cerillo, le parecerá una eternidad; pero si ese mismo alguien está enamorado y solo le es permitido ver a su amada por una hora cada día, esa hora le parecerá tan solo unos instantes". ¡Genial esta explicación! En ella podemos ver como el tiempo es relativo cuando nuestros sentimientos y emociones están involucrados. ¡Y así es la vida! Lo que nos pasa es que cada día vivimos más segundos que nos parecen una eternidad y menos horas que nos parecen segundos.

Más allá de esta naturaleza impaciente del ser humano, está la paciencia de la naturaleza. En ella todas las cosas toman un tiempo; todos los procesos que se dan a nuestro alrededor, aunque sean invisibles a nuestros ojos, suceden en un tiempo perfecto. Lo que nos pasa es que la mayoría de nosotros ignoramos estos procesos, y más aún, ignoramos que Dios está íntimamente involucrado en ellos. Como dijo el predicador en el libro de Eclesiastés en la Biblia: "Así como tú no sabes cuál es el camino del viento ni cómo crecen los huesos en el vientre de la mujer encinta, así también ignoras la obra de Dios, el cual hace todas las cosas".

De la misma manera, en nuestras vidas también ocurren muchos procesos que tienen como propósito convertirnos en mejores seres humanos. Pero muchas veces nosotros mismos no permitimos que este propósito se cumpla, a causa de nuestra impaciencia, la cual nos conduce a enfrentar las situaciones de manera equivocada. Por una parte, deseamos alcanzar muchas cosas como individuos, y como nación; y por otra, pretendemos que este proceso se lleve a cabo de la manera más rápida y fácil posible.

Pareciera que no estamos dispuestos a pagar el precio. Pareciera que quisiéramos vencer sin haber sido entrenados; que quisiéramos ganar sin haber peleado la batalla. Pareciera que estamos olvidando que los verdaderos cambios se hacen visibles cuando ha habido detrás de ellos un profundo cambio interior, un verdadero cambio de rumbo.

Es sencillamente maravilloso contemplar el fin del proceso, disfrutarlo y enorgullecernos de lo que hemos alcanzado. Pero cuánto trabajo ha habido detrás de cada victoria es lo que muchos estamos ignorando, y a consecuencia de ello estamos tomando atajos. Precisamente porque no hemos desarrollado la **paciencia** y todo lo queremos simplemente rápido. ¿ Pero qué es para nosotros la paciencia? ¿Cuál es la primera imagen que viene a nuestra mente cuando pronunciamos esta palabra? Quizá fue la paciencia una virtud del pasado, nosotros no la necesitamos más, después de todo vivimos en el mundo de lo instantáneo.

O quizá, paciencia significa sentarse a esperar que "pase lo que tenga que pasar". De ninguna manera, **paciencia** significa saber primero que todo, que Dios tiene cuidado de nuestras vidas, que podemos sufrir y tolerar los infortunios y adversidades con fortaleza. Es saber que Él en el proceso, como un padre que ama a su hijo, nos lleva de la mano, cuando es necesario y cuando es necesario también nos suelta, pero sin quitar nunca su mirada de nosotros.

Más aun, paciencia es trabajar en el proceso sin aceptar a la angustia como compañera. Es ir por el camino con paz en nuestros corazones, paz que viene de una verdadera amistad con Dios y que no depende de las circunstancias. Es mantener ese equilibrio perfecto de reconocer que debo aportar mi trabajo con esfuerzo, pero que más allá de mi está el Señor, y que su poder se perfecciona en mi debilidad.

A mis hermanos venezolanos les insto a tener esta clase de **paciencia**.

El arte de la paciencia

Recordemos que: **"la importunidad del hombre es la oportunidad de Dios para hacer sus milagros".**

El fruto del espíritu Cecilia Moros M.

Reflexiones para Venezuela

Una misma oportunidad, dos actitudes diferentes

Tres hombres colgados en tres cruces. Tres hombres sentenciados a muerte. Dos hombres culpables, uno inocente. Tres corazones que cuelgan de tres maderos; uno de ellos destaca entre los tres, la multitud alrededor sabe que la cruz no es el lugar que le corresponde. La autoridad que ordena la crucifixión lo sabe mejor que todos ellos. Lo ha interpelado y está absolutamente seguro de que no hay culpa en él, ha tratado de persuadir a la multitud, cuyo odio exacerbado, se ha desbordado por la influencia de los religiosos. Sus esfuerzos son infructuosos, su coraje demasiado limitado. Se entrega a la petición de la irracional masa humana y le da la espalda.

En el centro, el hombre inocente, a su derecha un criminal, a su izquierda otro con características similares. Los tres condenados a una pena barbárica: ¡La muerte en la cruz! Los tres tiemblan de miedo, la exposición al dolor físico siempre causa un terrible temor. Los soldados alrededor profieren toda clase de insultos y añaden a su dolor más maltratos. En sus mentes muchos pensamientos se agolpan, la soledad los abraza, la tristeza les besa en la frente, la angustia les llena el alma.

Una misma oportunidad, dos actitudes diferentes

Los dos criminales han sabido, a sus oídos han llegado las historias del hombre que está en medio de ellos. Saben de su discurso sabio y amoroso; han escuchado las historias de los cojos que andan, de los ciegos que ven, de los endemoniados que han sido liberados, de la mujer cuyo flujo de sangre se detuvo con tan solo tocarle; de la niña muerta que resucitó, del hermano de María y Marta que salió de su tumba caminando. Ellos dos saben claramente quién es este hombre, saben que su reputación no puede compararse con la de ellos.

El de la izquierda es un hombre sin fe, sin esperanzas. Un alma totalmente dominada por el odio y el resentimiento. Una sonrisa irónica se dibuja en su rostro al ver que al clamor de la sed del hombre inocente le dan a beber vinagre. Una expresión de amargura en el rostro, una mirada dura, un corazón de piedra que reclama, que se une a las voces injuriosas del pueblo y de los soldados; que le insta a salvarse a sí mismo y también a él y a su compañero.

El de la derecha es un alma arrepentida, un hombre que ve en su último momento la esperanza renacida. Una mirada de compasión, un corazón contristado por el dolor, una voz que reprende a su compañero, que trata de hacerle entender lo que él ya ha comprendido. Una voz que defiende al que injustamente padece los mismos sufrimientos que ellos. Un hombre impulsado por el coraje de la fe que se aferra a la suprema bondad: —"Acuérdate de mí cuando estés en tu reino"—. ¡Un hombre que arrebató el paraíso!

Dos hombres con una misma oportunidad, dos actitudes diferentes.

Reflexiones para Venezuela

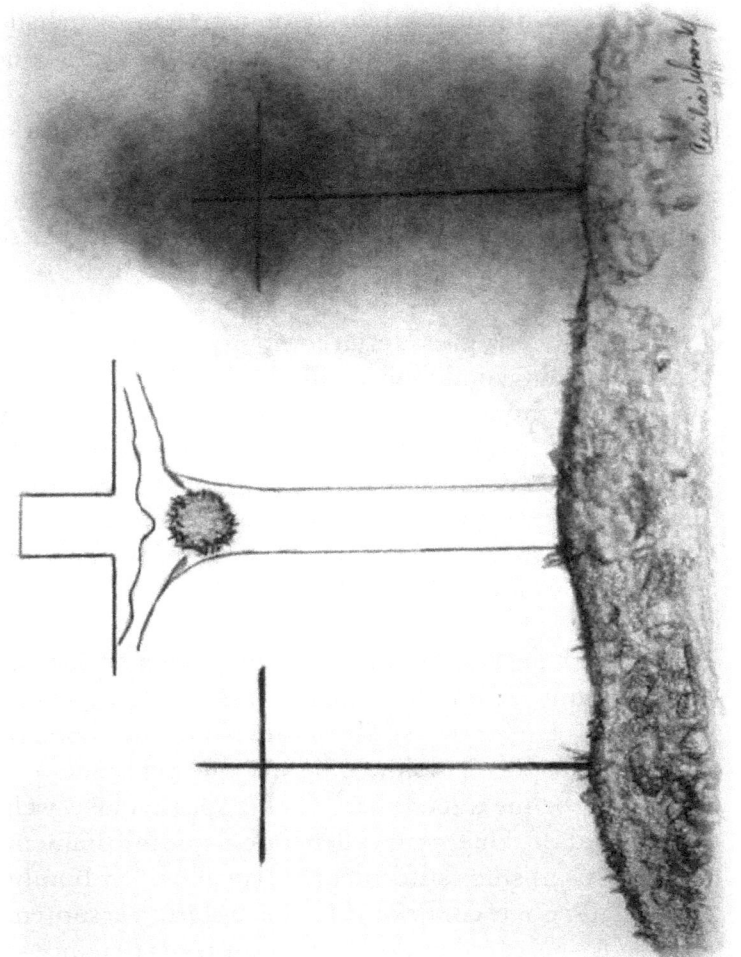

Cecilia Moros M.

Una misma oportunidad, dos actitudes diferentes

Reflexiones para Venezuela

El David que venció a Goliat

Alguna vez en nuestras vidas hemos oído la historia de David cuando se enfrentó al gigante Goliat y lo venció. Pero poco sabemos de quién era David y por qué la mano de Dios estaba sobre él. David es un personaje fascinante, increíblemente humano. Su vida nos refleja la complejidad del ser humano; sus triunfos y derrotas; su naturaleza pecaminosa, pero también su corazón humilde delante de Dios. En David podemos ver excelentemente representada la dualidad del hombre; su condición, alejado de Dios, y su grandeza, al vivir de acuerdo a Él.

Cuando el profeta Samuel fue enviado por Dios a buscar rey para Israel fue a la casa de Isaí y le dio a conocer el encargo divino. Entonces Isaí reunió a todos sus hijos para ver cuál de ellos era el elegido, pero Samuel no encontró entre los presentes al futuro rey de Israel; preguntó a Isaí si esos eran todos sus hijos, a lo cual Isaí le respondió que solo faltaba David, el más pequeño, que se encontraba en el campo apacentando a las ovejas. Entonces, Samuel pidió que le trajeran a David, y cuando este fue traído a su presencia, el profeta recibió la confirmación en su corazón sobre la voluntad de Dios y ungió a David como rey sobre Israel.

Sería un tanto largo para nuestro propósito contar paso a paso la historia de este maravilloso rey.

Sin embargo, podríamos resaltar que bajo el mandato de David Israel fue librado de numerosos enemigos. Una y otra vez salía a la batalla y Dios le daba la victoria. Pero hay una historia muy peculiar que marca el comienzo de David como rey sobre Israel. David se enfrenta contra Goliat, un hombre de características muy especiales, este era enemigo de Israel, un hombre temido y respetado por todos debido a su gran fuerza, solamente su tamaño era suficiente para amedrentar a cualquier hombre.

Un día David decide, ante la insolencia de Goliat, enfrentarse cara a cara con él, no había entre ellos ningún arma más que sus propias fuerzas y una honda que llevaba David. Cruzaron palabras, Goliat hizo alarde de su reputación como invencible. Entonces David le dijo: "No voy a ti con espadas, ni con ejércitos sino en el nombre de Dios". Y al momento, lanzó la piedra, la cual quedó clavada en la frente de Goliat, hiriéndolo de muerte. Una vez más, David mostraba a su pueblo que él no estaba apoyado en sus propios criterios, que la clave de su éxito era confiar su debilidad a la grandeza de Dios.

Esta sencilla historia nos revela una gran enseñanza: Las fuerzas del hombre son limitadas y aunque muchas veces nos creamos "invencibles" hay momentos cuando Dios puede tomar toda esa grandeza y volverla polvo. Así como también, hay momentos cuando nuestras limitaciones pueden ser la materia prima de Dios para hacer sus milagros. Como lo fueron los pocos panes y peces que Jesús tomó de los discípulos para alimentar a más de cinco mil.

En el mundo hay muchos 'Goliat' quienes muy bien aconsejados por Maquiavelo saben que para perpetuarse en el poder "es mejor ser temido que amado". Hombres que se valen de todo su poder económico y político para sembrar el temor en medio de naciones que desesperadamente anhelan la libertad.

Sigamos hoy el ejemplo de David, no nos dejemos atemorizar por nada, ni por nadie. Enfrentemos a los 'Goliat' de nuestras vidas con la maravillosa arma de la fe. La fe es esa fuerza maravillosa que nace de un alma confiada en Dios; la fe nos da la certeza de lo que esperamos y la convicción de lo que no vemos.

No confiemos, pues, en nuestras propias fuerzas, como David, vayamos en el nombre de Dios.

Reflexiones para Venezuela

La trascendencia de las palabras

Los seres humanos poseemos diversos dones que nos engrandecen, entre ellos la Palabra es un preciado tesoro. Ese maravilloso don a través del cual nos comunicamos y expresamos los secretos de nuestros corazones. A través de la palabra el poeta derrama su alma, el escritor expresa sus pensamientos, el abogado proclama su sentencia y el maestro imparte sus lecciones. A través de la palabra bendecimos a nuestros hijos cada mañana, levantamos el ánimo exaltando cualidades, damos esperanza; pero también condenamos y creamos destrucción.

Es realmente impresionante como en el mundo moderno de las comunicaciones podemos ver con gran frecuencia el abuso del uso de las palabras. Palabras que son distorsionadas, palabras que usadas fuera de su contexto van perdiendo su verdadero significado. Palabras que se profieren sin percatarnos de su inmensa trascendencia en los oídos que las escuchan. Palabras que contienen un gran poder destructor, pero que son habladas ligeramente. Es así, como de repente para sorpresa nuestra escuchamos en un programa infantil un —¡Maldito seas!—, o un —¡Idiota!— O leemos en un artículo de prensa la amargura elevada a su máxima expresión. O escuchamos en un discurso insultos gratuitos hacia aquellos que disienten de los pensamientos del orador.

Sin embargo, es maravilloso cómo las palabras pueden tener un efecto tranquilizador, como pueden darnos confianza, hacernos reír en un momento de tristeza, devolvernos la esperanza cuando creemos que todo está perdido, sanarnos una herida del alma, liberarnos del rencor cuando proclamamos el perdón, hacernos reflexionar en un momento determinado; en fin, sencillamente bendecirnos la vida. Y son estas palabras las menos habladas, las menos escuchadas, las que más escasean en nuestras vidas. Pareciera que nos pesa la lengua para decir un —¡Buenos días!— o un —¡Muchas gracias!— o expresar un cumplido a quien lo merece. Somos prontos para la crítica no sana, pero lo bueno se nos queda atrapado en las gargantas.

La misma herramienta es usada para construir y para destruir, la diferencia está en la mano que la usa. Somos nosotros, individualmente, los que decidimos lo que hacemos con lo que Dios nos ha dado. Podemos bendecir, edificar, exhortar y consolar, o podemos maldecir, destruir y entristecer, porque como dice un proverbio: "La lengua apacible es árbol de vida, pero la perversidad de ella es quebrantamiento de espíritu". (Proverbios 15:4). ¡Es la misma lengua! La diferencia es la fuente que la alimenta, el corazón del cual sacamos el bien o el mal. Como dijo Jesús: "¿Cómo podéis hablar lo bueno, siendo malos? Porque de la abundancia del corazón habla la boca". (Mateo 12:34).

Por lo tanto está en nosotros el poder de decisión para convertirnos en personas cuyas palabras sean transformadoras creando bien, en nuestras propias vidas y en las vidas de otros. Somos nosotros quienes decidimos la trascendencia que nuestras palabras tendrán. Somos nosotros los que decidimos dejar una huella de amor a través de nuestras palabras o crear un infierno que destruye todo cuanto va encontrando a su paso. Hagamos que nuestras palabras se conviertan en vida y bendición. ¡Las palabras tienen poder!

"La vida y la muerte están en poder de la lengua; y el que la ama, comerá de sus frutos". Proverbios 18:21

La trascendencia de las palabras

La boca derrama lo que en el corazón rebosa

Cecilia Moros M.

Reflexiones para Venezuela

Fe para una nación

Hay vínculos en la vida de los seres humanos que son profundamente indisolubles. No podríamos negar a una madre aun cuando existieran motivos para tal acción; no podríamos negar a un hijo porque nuestras entrañas gritarían por su presencia; nunca olvidaríamos al hermano, al primo o al amigo con el que compartimos nuestra infancia. Pienso y siento que tampoco podríamos olvidar a nuestra patria; no importa cuántos kilómetros nos separaran de ella, siempre nuestro corazón la anhelaría.

Estamos entretejidos con la tierra que nos recibió al nacer, nos enorgullecen sus logros porque los consideramos nuestros. Nos emocionamos con nuestros deportistas y su destacada participación en diferentes competencias; se nos hincha el corazón cada vez que escuchamos una de nuestras múltiples orquestas. Nos llenamos de admiración al saber de tantos profesores que enseñan a nuestros hijos con ética y que impregnan con una pasión maravillosa su labor. Confíamos nuestras vidas a nuestros hombres de blanco porque tenemos suficientes testimonios que nos dan la convicción de su eficiencia. Nos deleitamos en las arepitas, en el queso de mano; se nos hace agua la boca con un mango y con las conservas de coco que nuestras negritas bellas llevan en grandes bandejas sobre sus cabezas erguidas.

Son innumerables las cosas que nos hacen suspirar al pensar en nuestra tierra; y de la misma manera hay otras tantas que nos hacen llorar de tristeza, porque el dolor de nuestra patria también es nuestro. Sentimos una gran carga por los desaciertos cometidos, por los desamores sobrevenidos. Nos sentimos frustrados ante la indiferencia, la decadencia y la insolencia. Pensamos en el futuro y quisiéramos imaginarlo pleno de la construcción de buenos sueños de tantos venezolanos convertidos en realidades. Sin embargo, por más que nos esforzamos pareciera que necesitamos algo más allá de nuestras propias fuerzas para salir adelante.

La historia ha demostrado que todas las riquezas que una nación pueda tener son inútiles cuando sus ciudadanos se entregan a sentimientos mezquinos, a la lujuria, a la ambición de riquezas sin el aval del trabajo y a la opresión de sus coterráneos. Para comprobar esto solo es necesario hacer una revisión breve de los libros de historia universal. No hay nadie que pueda salvarnos de esta situación sino solo Dios. No hay estrategias que puedan lograr un cambio en positivo si primero no hay un cambio en el corazón de los hombres de nuestra nación, en el corazón de cada uno de nosotros.

Dios puso en nuestro pedacito de tierra una inmensurable riqueza, y nos facultó con la capacidad para administrarla con equidad y justicia. Él desea que cada venezolano incline su corazón a Él y que seamos capaces de lograr esta tarea. Pero estamos secos y desolados; nuestra tierra tiene sed de la bendición de Dios. Necesitamos de una renovación espiritual que como una lluvia caiga sobre nuestra nación y nos bendiga la vida. ¿Ilusa? ¿Insensata?

No, convencida de la verdad que ha cambiado la vida de muchos y puede cambiarnos a cada uno en particular y a todos como nación.

"Si se humillare mi pueblo, sobre el cual mi nombre es invocado, y oraren, y buscaren mi rostro, y se convirtieren de sus malos caminos; entonces yo oiré desde los cielos, y perdonaré sus pecados, y sanaré su tierra". II Crónicas 7:14.

Fe para una nación

*Oración
por
Venezuela*

*Cecilia
Moros M.*

Vuelve tu mano, Oh Dios, hacia nosotros y limpia nuestras escorias hasta lo mas puro. Restáuranos hasta que podamos llamarnos País de Justicia, Patria Fiel.

Seremos rescatados de la oscuridad con tus juicios, y nos convertirás a tí por tu misericordia y amor!

¡Despierta y teme a Dios, Venezuela!

Cecilia Moros
03/2009

Reflexiones para Venezuela

Se busca gente ordinaria para hacer un trabajo extraordinario

Nos encontramos en un momento crucial de nuestra nación, un momento que amerita del trabajo y del esfuerzo de cada venezolano; un momento que supone la mejor actitud de cada uno de nosotros; un momento que exige de nuestro corazón todo el amor por nuestra patria, de nuestras mentes toda la inteligencia y responsabilidad, y de nuestras manos que se entreguen a toda la labor que está por hacerse.

Es claro que necesitamos líderes que vayan a la cabeza de todos los cambios y acciones que vendrán; sin embargo, no son ellos los que tendrán la última palabra, ni tampoco ellos, los que al final determinarán el camino a seguir. No podemos seguir pensando que un hombre, o un pequeño grupo nos llevarán del desierto a la tierra donde fluye leche y miel. Este es un camino que debemos recorrer cada uno y todos como nación.

Desde las posiciones de liderazgo puede venir la conducción clara y precisa, por esa razón debemos ser muy cuidadosos en nuestra elección. No podemos aventurarnos a probar suerte. Esto es algo que requiere de nuestra inteligencia, de nuestra ética y del amor que le tengamos a nuestra patria. Sin embargo; de cada uno de nosotros depende que levantemos el edificio, o que nos quedemos en ruinas. Somos nosotros los que debemos pegar cada ladrillo.

Una sociedad no se construye por la acción mesiánica de ningún hombre. Se construye cuando cada hombre y mujer en la vida común, en la cotidianidad de la nación dan lo mejor de sí mismos en su entorno. Esto actúa como una onda expansiva generando bien, justicia y solidaridad. Cuando tú y yo somos rectos en nuestro proceder, cuando el vecino, el amigo y el desconocido son rectos en su proceder, entonces la rectitud comienza a formar parte de nuestras vidas diarias.

Cuando tú y yo no aceptemos más la extorsión, ni el vecino, ni el amigo, ni el desconocido la acepten, entonces nunca más tendremos que sobornar, cada quién cumplirá su deber y el que no lo haga se encontrará con la ley. Cuando cada padre y madre, maestro, hermano, amigo, abuelo y tío sean testimonio de vidas íntegras y se conviertan en inspiración para los niños y jóvenes de nuestra nación, entonces cada nueva generación se levantará sobre un fundamento de verdad, respeto, justicia y bondad. ¡Columnas muy difíciles de derribar!

Los cambios que necesita nuestra nación no se gestan en el corazón soberbio, ni en la mente distorsionada de un hombre; ni pueden estar amparados bajo el lema de la muerte. No pueden venir de un grupo que hace exclusión, que manipula el corazón y lo convierte en esclavo de una adoración que solo produce dolor. Los cambios no vendrán como por arte de magia, ni serán el resultado de la aplicación de una fórmula por parte de unos cuántos. Tampoco resultarán del intercambio de dádivas, ni por prebenda a unos pocos.

Cuando tú y yo entendamos que el camino al cambio debe ser transitado por cada ciudadano. Cuando tú y yo comencemos a hacer nuestro trabajo para nosotros y para nuestra familia bajo la concepción de nación, entonces y solo entonces, nos daremos cuenta que para construir a Venezuela no se necesita de un líder mesiánico sino de gente ordinaria, como tu y yo, que haga un trabajo extraordinario.

"El trabajo ayuda siempre, puesto que trabajar no es realizar lo que uno imaginaba, sino descubrir lo que uno tiene dentro".
Boris Pasternak

Se busca gente ordinaria para hacer un trabajo extraordinario

Vasijas de barro *Cecilia Moros M.*

Reflexiones para Venezuela

Reconstruir

Una de las tareas más difíciles de llevar a cabo es "reconstruir", no importa de que se trate, bien sean relaciones sentimentales, relaciones filiales, sitios naturales dañados por alguna causa que necesitan de años de esfuerzo de la naturaleza para volver a ser lo que fueron en el pasado; o bien espacios físicos deteriorados por el paso del tiempo, por la desidia, por la falta de mantenimiento, por catástrofes naturales y por guerras entre otras razones.

Todo lo que sea necesario reconstruir necesita de un mayor esfuerzo del que primariamente se aplicó en la construcción. Claro, porque cuando construimos por primera vez es un acto lleno de entusiasmo, basado en la alegría de algo nuevo, con la esperanza de que cada ladrillo colocado le dará forma a un proyecto final con el que hemos soñado y en el cual ponemos todo nuestro corazón al hacerlo.

Contrariamente, cuando reconstruimos, tenemos que hacerlo sobre cimientos antiguos, sobre escombros que esconden la estructura angular que le da forma a la edificación. Además, cuando de relaciones humanas se trata es, en mi opinión, mucho más difícil, ya que es necesario sanar heridas, cuyas cicatrices a veces no se borran sino después de que mucha agua ha corrido debajo del puente. También es necesario aplicar cierta fuerza más compleja que todas las que mueven la increíble maquinaria de ingeniería que es usada en la construcción de una edificación, y más aun, una fuerza más sabia que la misma que usa la naturaleza en su constante renovación por el daño causado por el hombre.

¿Pero, de qué fuerza estamos hablando? De esa que se mueve en el corazón de los hombres y mujeres que construyen sus vidas en el diario caminar. De esa que mantiene a una familia unida, a pesar de todos los vientos que puedan soplar en su contra. De esa maravillosa fuerza que nos levanta cada día con la esperanza de construir un mejor mañana para los nuestros. De esa fuerza que nos impulsa a sentarnos a hablar con un hijo y decirle cuánto lo amamos. De esa fuerza que nos mueve a honrar a nuestros padres hasta el fin de sus días. De esa fuerza que nos hace abrir la mano con abundancia ante la necesidad de otro. De la misma que nos hace elevar nuestros corazones al Cielo en una oración por nuestra patria, de esa que se conjuga con cada lágrima y nos hace seres dignos.

Esa bendita y maravillosa fuerza no es otra cosa que nuestra fe en Dios. Esa es la fuerza que hoy y cada día más está haciendo muchísima falta, no solo en nuestra amada Venezuela, sino en el resto del mundo donde la maldad se ha acrecentado hasta tal punto que pareciera que no hay límites a nuestra capacidad de asombro. Pero, aunque nos traten de hacer creer que no hay esperanza para nosotros, ciertamente la hay, porque la fuerza de la fe en Dios es más poderosa que cualquier reacción nuclear, y a diferencia de esta, se transforma en una capacidad ilimitada de creación en el hombre, por el hombre y para la felicidad del hombre.

Creo firmemente que es tiempo de reconstrucción, tiempo de convertir las ruinas en una nueva y gloriosa edificación. Tenemos las herramientas para lograrlo, queremos hacerlo, y sobre todo contamos con la fuerza más maravillosa de la Tierra. ¡Nuestra fe en Dios!

"Volverás a edificar sobre las ruinas antiguas y reconstruirás sobre los cimientos del pasado, y todos te llamarán: el que repara los muros, el que arregla las casas en ruinas". (Isaías 58:12).

Reconstruir

Reconstruir

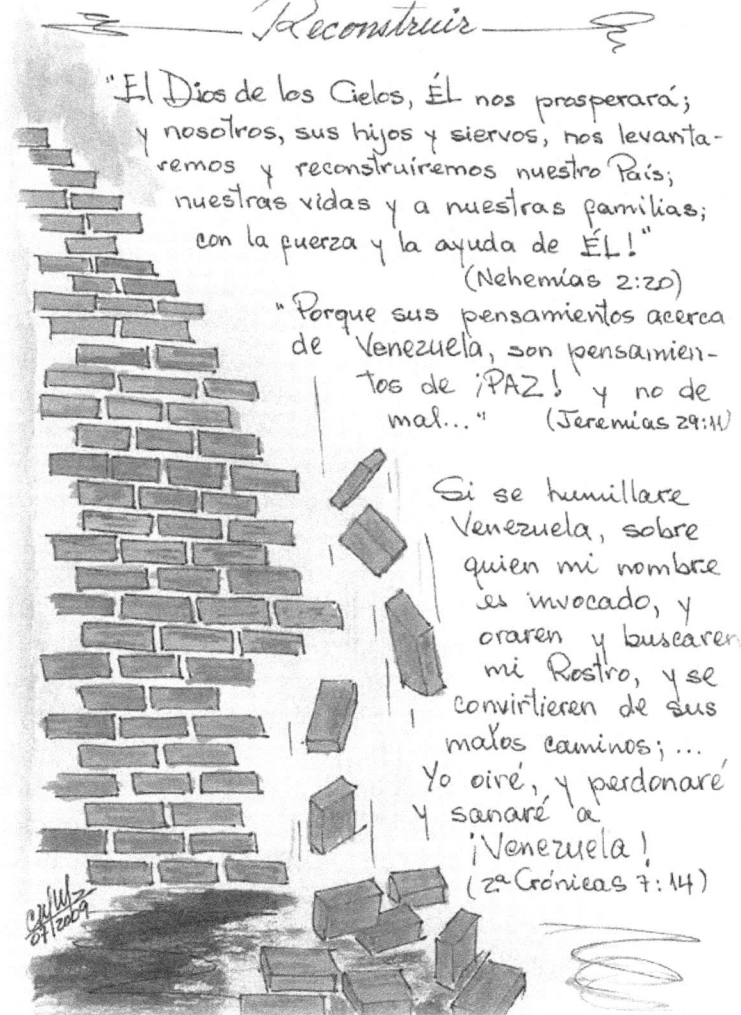

*Cecilia
Moros M.*

Reflexiones para Venezuela

Conquistando el corazón de Dios

Hay pasajes bíblicos que al leerlos nos llenan de admiración; que trascienden la simple lectura y nos transportan a la época en la que sucedieron. Historias que quedaron allí, grabadas en el corazón de los hombres que fueron testigos de ellas para luego ser grabadas con tinta en el papel de la historia. Relatos que pasan desapercibidos por muchos de nosotros, y que encierran secretos y verdades que constituyen la llave para conquistar el corazón de Dios.

Por una parte, desde los tiempos más remotos el hombre ha buscado incansablemente el equilibrio en su vida; ha estado en esa búsqueda permanente de satisfacer su alma. Su espíritu creador le ha llevado a la invención de extraordinarias herramientas de trabajo, máquinas y toda clase de aparatos que le han hecho la vida cada vez más confortable. Los grandes descubrimientos científicos le han permitido alejar de su vida la enfermedad y hacer de su mundo un lugar más seguro y deleitoso para vivir.

Por otra parte, a lo largo de este desarrollo de la humanidad también el hombre ha cometido tantos desaciertos que ha terminado convirtiéndose en el peor enemigo de su raza; pues de su misma mente han surgido herramientas, máquinas y aparatos que inexorablemente lo están conduciendo a la destrucción de su planeta y por ende, de su propia vida.

Desde la perspectiva cristiana es imposible vivir en paz con nosotros mismos y con nuestros semejantes si primero cada uno, individualmente, no está en paz con Dios. Desde la perspectiva cristiana, es imposible que al ser humano se le iluminen los ojos del corazón para ver al mundo con ojos de bondad. Desde la perspectiva cristiana, esto solo puede suceder si el ser humano vuelve sus ojos a su Creador, y en armonía con Él se convierte en un hacedor del bien.

Pero nos hemos ido endureciendo cada vez más y en muchos ya ni siquiera hay vestigios de solidaridad con el débil, con el pobre y con el desamparado. El amor se ha convertido en un trueque de intereses; la mentira gobierna hogares, industrias y estados. El beneficio material de unos pocos prevalece sobre el bienestar de toda la humanidad. El poder político y el poder económico aplastan sin compasión al hombre común. ¿Cómo podríamos entonces llegar a ser hombres de bondad de acuerdo a la concepción de Dios? ¿Cómo podemos alcanzar nuevamente el corazón de Dios, y vivir de acuerdo a su pensamiento? ¿Con qué nos presentaremos delante de Él para recibir de sus manos todo el bien, todo el amor y la sabiduría que necesitamos?

El pasaje narrado en el evangelio de Mateo 15:21-28, nos da una llave directa al corazón de Dios: Dice esta historia que estando Jesús en la región de Sidón llegó a él una mujer cananea, que le rogaba que tuviera misericordia de ella, pues su hija estaba siendo atormentada por un demonio. Sin embargo, Jesús no la ayudó inmediatamente sino que le contestó diciendo: "No he sido enviado sino a las ovejas perdidas del pueblo de Israel" (24). Pero la mujer, ya había escuchado de los milagros y prodigios de Jesús; ella sabía que Él era el que podía liberar a su hija, ella ya había puesto sus ojos en Él. Entonces, postrándose delante de su presencia, le dijo: "¡Señor ayúdame!": Y Jesús insistió: "No se debe echar a los perros el pan de los hijos". (25) Pero ella era madre y estaba dispuesta a conseguir la libertad para su hija. Ella no se ofendió por las palabras del Señor, ella reconocía su condición, y de esa humildad de su corazón brotaron palabras que conquistaron el corazón de Jesús: "Es verdad, Señor, pero también los perritos comen las migajas que caen de la mesa de sus amos". (25) Entonces Jesús maravillado ante tal respuesta le dijo: !"Mujer, ¡qué grande es tu fe! Que se cumpla tu deseo". Y termina esta historia bíblica en otro evangelio, diciendo que en aquel mismo momento la hija de la mujer cananea quedó liberada. (Marcos 7:29)

Una actitud humilde y la certeza en nosotros de que nadie más que El es nuestra ayuda son llaves al corazón de Dios. ¡Con humildad y fe podemos conquistar Su corazón!

Reflexiones para Venezuela

Reconciliación

Por todos es sabido que en los últimos años ha surgido un sentimiento de división entre nosotros los venezolanos. Muchos dicen que el "gobierno" ha sido responsable de sembrar esta discordia entre hermanos, mientras que otros opinan que la "oposición" ha alimentado el segregacionismo. De todas maneras, no es el propósito de este artículo definir quién o quiénes han sido los responsables de tan terrible sentimiento, casi colectivo en el día de hoy en nuestra patria.

El hecho es que nuestra nación está dividida y aquellos que nos llamamos cristianos estamos llamados a asumir una posición clara y firme al respecto; ya que más allá de nuestras simpatías políticas, nosotros somos los llamados a ser luz del mundo y sal de la Tierra. No quiere decir esto, de ninguna manera, que los cristianos no puedan tener simpatías políticas y más aun ser militantes de un partido político, o de alguna manera tener una opinión propia y darla a conocer.

¿ Pero, es nuestra misión luchar por una causa humana? ¿Acaso los cristianos, si es así como queremos ser llamados, podemos estar parcializados por una causa política? ¿Podemos, o mejor dicho, debemos nosotros defender una posición radical? ¿Cuál es nuestro deber en esta particular situación? ¿Qué espera Dios que nosotros hagamos?

Reconciliación

En el libro de Miqueas en el capítulo 6 en los versículos 6 al 8 encontramos que Miqueas le pregunta al Señor: "¿Con que me presentaré ante Jehová, y adoraré al Dios altísimo?" Y a continuación enumera una cantidad de cosas materiales que podrían, según su criterio, agradar a Dios. Pero Dios, el Señor, le responde: "Oh hombre, él te ha declarado lo que es bueno, y que pide Jehová de ti: **Solamente hacer justicia, y amar misericordia, y humillarte ante tu Dios**".

Se que para aquellos que aman a Dios, sencillamente estas palabras hacen eco en sus corazones, y se explican por sí mismas. Sin embargo, permítanme disertar un poco sobre ellas, y tratar de expresar este caudal de emociones y sentimientos que se agolpan dentro de mí, como un caballo que galopa con todas sus fuerzas. Sé que solo me sentiré tranquila cuando haya dicho lo que Él ha puesto en mi corazón.

Si cada uno de nosotros, los que decimos ser cristianos, fuéramos una luz elevada en lo alto, estaríamos viendo más el resplandor de Su Gloria, que las miserias humanas que estamos viendo en estos días en nuestra nación. Si estuviéramos haciendo nuestro trabajo, nuestras iglesias estarían llenas de gente sedienta que anhela la paz y que desea vivir en armonía, pero que no sabe cómo hacerlo. Por esta razón, la receta de Dios, nuestro Señor, es sencilla:

Solamente hacer justicia: La justicia es una virtud que se ejerce a través del corazón de Dios. Porque el corazón del ser humano no es justo por naturaleza, pero a través de Jesucristo, nosotros sus hijos, podemos tener la gracia de ser justos. ¿Hemos, nosotros, llegado al trono de la gracia, para pedir de Él sabiduría para actuar en justicia? Hay multitud de pasajes en la Biblia en los cuales Dios nos insta a anhelar la justicia, a buscarla, a vestirnos con ella, a hacerla parte de nuestras vidas, y en Deuteronomio 6:25 nos dice: "Y tendremos justicia cuando cuidemos de poner por obra todos estos mandamientos delante del Señor nuestro Dios, como él nos ha mandado". Entonces, nuestra justicia debe ser conocida delante de todos los hombres por igual. No debe prevalecer en nuestros juicios nuestra simpatía política, sino el criterio de Dios, el cual viene a ser nuestro y se traduce en obras de justicia cuando nos sujetamos a su Palabra y cumplimos sus mandamientos.

Y amar misericordia: ¿Hemos entendido que si hay algo bueno o digno en nosotros es por su misericordia, y que no debemos sentirnos, en manera alguna superiores a nuestros iguales?

El Señor renueva cada mañana su misericordia, ella nunca se agota porque viene de la fuente inagotable de la vida. ¡Estas palabras tienen una profundidad maravillosa! Dios nos manda a amar la misericordia. Él nos dice que debemos anhelar, desear con todo nuestro corazón el ser misericordiosos. La misericordia es buena, es benigna, es compasiva, es benevolente, está impregnada de la gracia de Dios. ¿Podríamos, entonces hacer diferencias entre un bando u otro? ¿Podríamos beneficiar a unos y sencillamente ignorar a los otros? Seamos claros, no estamos hablando de consentir el pecado ni de aceptar la maldad. Estamos hablando de amar al pecador. Estamos hablando de que nuestra gloria máxima es que todos los hombres, todos, vengan al conocimiento de la verdad. Para esto murió Cristo (Juan 3:16). Y nuestra misión es que los rostros de todos los hombres y mujeres se vuelvan a la Cruz por la misericordia de Dios ejercida en la Tierra a través de nosotros, sus hijos.

Y humillarte ante tu Dios: Dice el Señor que si de algo queremos alabarnos o enorgullecernos sea de temerle y reconocer que El es Dios. Cuando venimos con un corazón contrito y humillado delante de su presencia, cuando reconocemos delante de El nuestra insuficiencia, y le permitimos trabajar en nuestras vidas, entonces Su poder se perfecciona en nuestra debilidad. Entonces Él crece y nosotros menguamos. Entonces vemos con sus ojos y vemos en cada hombre a alguien que necesita de Dios.

Dejemos de buscar nuestras propias glorias, recordemos cual es nuestra misión: "Id por todo el mundo y predicad…, enseñándoles que guarden todas las cosas que os he mandado…" Mateo 28:19-20. Cuando estemos claros de que esta es nuestra misión, entonces, y solo entonces, comprenderemos que nuestro más grande orgullo debe ser llevar en alto Su nombre y proclamar Su Palabra.

Con humildad les digo hoy que debemos despertar. Es tiempo de ser dignos embajadores del reino de los Cielos. Es tiempo de ser instrumentos de amor en Sus manos. Es el momento exacto para elevar nuestra voz por la causa de nuestro Señor Jesucristo. Es tiempo de dejar nuestros pensamientos y sentimientos de lado, y de hacer la voluntad de Dios, y la voluntad de Dios es la **reconciliación**.

Como bien lo dijo Pablo en Efesios 2:14-22 **"Porque Él es nuestra paz, que de ambos pueblos hizo uno, derribando la pared intermedia de separación…y mediante la cruz reconciliar con Dios a ambos en un solo cuerpo, matando en ella las enemistades… porque por medio de Él los unos y los otros tenemos entrada por un mismo Espíritu al Padre".**

Reconciliación

El rostro de la reconciliación

Andrea Doval F.

Reflexiones para Venezuela

De todas maneras

Desde que supe acerca de la Madre Teresa de Calcuta hace muchos años, he sentido siempre un gran respeto y una profunda admiración por esta mujer llena del amor de Dios. Hoy he buscado en su vida y obra inspiración para el pensamiento que inquieto en mi mente quiere expresarse por medio de la tinta.

Colgado en la pared en Shishu Bhavan, la casa para niños en la ciudad de Calcuta en India, hay un letrero escrito por la Madre Teresa cuyo título es **"De Todas Maneras"**. En una sucesión sencilla, esta formidable mujer insta al lector a continuar en el camino de la bondad, a pesar de todos los obstáculos que ineludiblemente, tarde o temprano, nos encontraremos en él. Ella había aprendido durante todos sus años de entrega a Dios y de servicio a los más necesitados que en el mundo encontraremos gente egoísta que cuestionará nuestro proceder no importa cuánto amor y esfuerzo hayamos puesto en cada palabra o en cada acción.

Me permito expresarles los pensamientos de la Madre Teresa junto con mi humilde reflexión: "Las personas son irrazonables, ilógicas y centradas en sí mismas, **ámalas de todas maneras**". ¡Qué hermosa es la paz que surge del amor recíproco! Sin embargo, el camino está lleno de gente que no corresponderá a nuestro amor, y más aun que nos herirá, pero debemos persistir porque no buscamos la aprobación de los hombres sino la de Dios.

La siguiente frase reza así: "Si haces el bien, te acusarán de tener motivos egoístas, **haz el bien de todas maneras".** Después de Dios, somos cada uno de nosotros quienes sabemos las intenciones de nuestro corazón, nadie puede reprocharnos más duro que nuestras propias conciencias a la luz de la Palabra de Dios. Así que si nuestro corazón no nos reprende, paz tenemos para con Dios.

El tercer pensamiento de la Madre Teresa nos habla del éxito: "Si tienes éxito ganarás verdaderos enemigos, **ten éxito de todas maneras**". Hay personas que mientras estamos en una posición por debajo de ellas en la vida, en la profesión o en cualquier situación, se sienten bien con nosotros; pero el día que el éxito corona nuestra existencia no nos perdonan el haber cumplido con nuestras metas. Solo aquellos que tienen la bondad de llorar con nosotros, se gozarán con nuestro éxito.

Continúa instándonos a no esperar el reconocimiento en la memoria de los hombres, pues todos olvidamos: "El bien que hagas se olvidará mañana, **haz el bien de todas maneras**". Que tus obras de amor no estén motivadas por el reconocimiento de los hombres sino de aquel que ve en secreto y que siempre te recompensará en público.

Más adelante nos habla de la honestidad y la franqueza. Estas son sus palabras: "La honestidad y la franqueza te hacen vulnerable, **sé honesto y franco**

de todas maneras". La mentira y la hipocresía se han convertido en una práctica cotidiana; nos ha parecido mejor mentir que ser sinceros y expresar las verdaderas razones. De tal manera que cuando alguien nos habla con sinceridad y cuando expresa su corazón sin maquillaje, entonces queda expuesto a nuestra burla e incomprensión.

Luego nos habla de lo poco valioso que puede ser para otros nuestro esfuerzo de años: "Lo que te tomó años en construir puede ser destruido en una noche, **construye de todas maneras**". Y si tienes que vivir el dolor de la destrucción, recuerda que lo que has hecho con amor, nada, ni nadie podrá borrarlo del corazón de Dios.

Por último, ella nos advierte sobre la violencia del mundo, sobre el hombre sin agradecimiento: "Dale al mundo lo mejor que tienes y te patearán en los dientes", pero al mismo tiempo salen de lo más profundo de su corazón estas palabras:

"Dale al mundo lo mejor que tienes de todas maneras".

De todas maneras

Madre Teresa de Calcuta

Reflexiones para Venezuela

Persuadir ¿a qué precio?

Todos sabemos que la publicidad como disciplina científica tiene como objetivo persuadir a un público meta, para que tome la decisión de comprar un producto o servicio que una determinada organización ofrece. Vivimos en un mundo lleno de publicidad. En todas partes a donde vamos nos encontramos con publicidad de diversa índole, materializada en los más llamativos colores, de todos los tamaños y formas imaginadas. Todo concienzudamente hecho para penetrar directamente a nuestras consciencias a través de nuestros sentidos; con la firme intención de **persuadir.**

Pero, una cosa es tratar de persuadir a una mujer de que use un determinado shampoo para el cabello, a un muchacho sobre el mejor zapato deportivo del mercado, a un niño sobre un juguete o programa televisivo, etc. usando técnicas claramente definidas de persuasión de masas. Y otra, muy diferente, es persuadir sin ética profesional, usando códigos que no toman en cuenta valores fundamentales para la sociedad.

Tal es el caso de la publicidad que actualmente despliegan la mayoría de las empresas vendedoras de cerveza en nuestro país. Dirigidas a un variado público joven, al cual parecen no respetar en absoluto. Mensajes que subestiman su inteligencia y capacidad de decisión, como es el caso de la publicidad de los jóvenes que *son capaces de cualquier cosa* por una cerveza… Una publicidad que los minimiza, hasta el punto de expresar su comportamiento como el de aquellos cuya adicción no les permite razonar, sino que subyuga su voluntad y los hace capaces de pasar por las más absurdas y humillantes situaciones con tal de obtener la cerveza.

Y qué diremos de la publicidad que exalta "*los pecados de la rumba*", donde la mujer es minimizada a un objeto sexual, sin cerebro, pero con abundancia de atributos físicos. Donde las fiestas, o mejor dicho rumbas, parecen ser un desenfreno de pasiones.

Otro caso, es el de la *catira,* sin cabeza, porque ella no tiene neuronas solo feromonas. También el de los que exaltan en unas ocasiones el machismo, en otras el feminismo y de paso nos dan lecciones de semántica con sus explicaciones de *no es lo mismo* esto que aquello. Además, corriendo otro riesgo, tenemos a aquellos que exhiben a sus más hermosas modelos en vallas de la autopista que pueden hacer perder la vía a cualquiera que se quede embelesado, como de hecho, ya ha ocurrido.

Hablemos claramente, estoy en un medio universitario, y si bien es cierto que esta publicidad encaja perfectamente con un grupo de jóvenes; también es cierto que no refleja el pensamiento de la mayoría. Pues, afortunadamente para todos nosotros como país, contamos con una juventud pensante que cada día es más crítica y a quien no podemos comprar fácilmente. Quizá es hora de que todas estas empresas comiencen a pensar en una publicidad que use argumentos para un público inteligente, que posee valores y que está hastiado de esta avalancha de publicidad barata.

También, es importante resaltar que en el mundo del siglo XXI, aquellas empresas que no tomen en cuenta para sus estrategias la llamada responsabilidad social, sencillamente se encuentran unos cuantos pasos atrás de lo que el mundo empresarial ha entendido es una piedra angular para su desarrollo y permanencia en el mercado. Y responsabilidad social no es solo ayudar materialmente, como algunos creen, a los más necesitados; es también ayudar, con su influencia, a construir un país, formando individuos con un modelo ético de vida.

"Por la bendición de los rectos la ciudad será engrandecida, más por las obras de los impíos será trastornada" (Proverbios 11:11).

Reflexiones para Venezuela

El mejor equipo para Venezuela

Hace tiempo que el mundo dejó de ser un escenario de grandes personalidades. Hoy en día estamos claros que los grandes logros se alcanzan a través del trabajo en equipo. Y aunque ciertamente, la mayoría de las veces, las grandes ideas nacen individualmente en mentes brillantes, es absolutamente indiscutible que para llevarlas a cabo se necesita el trabajo hombro a hombro de un grupo de personas que compartan la misma pasión y excelencia.

Me asombra cuando escucho a algunas personas quejarse de la cantidad de candidatos para las Primarias, pues a mi parecer, es algo muy bueno contar con toda una diversidad de pensamientos e ideas. Es algo muy bueno saber que vivimos en un país donde más de uno está dispuesto a comprometerse con todas sus fuerzas, para trabajar por nuestra Venezuela. Por esa razón no me preocupa el arcoíris de opciones que tenemos; sin embargo, nuestra preocupación es pensar que tanto talento, amor y trabajo se diluyeran cuando al escoger a uno, todos los demás quedarán excluidos de la participación en la vida política de nuestra nación.

Pienso que en la Mesa de la Unidad debe existir un pacto de honor entre todos los candidatos a las Primarias, para comprometerse, cualquiera que sea el ganador, a formar un verdadero equipo en el cual se incluya a los contendores. Después de todo, la máxima que debe imperar en el corazón de cada uno de estos candidatos es el bien progresivo y sostenido para nuestro país. De tal manera que aunque tangan opiniones divergentes en algunos puntos, todos deben estar unidos por un mismo pensamiento y por una misma fuerza que los motive e impulse: El progreso de nuestra Venezuela.

Un ejemplo maravilloso para todos es La Vinotinto, en donde no se exaltan voluntades individuales, como entusiastamente lo expresó uno de sus jugadores estrella, Oswaldo Vizcarrondo: "Creo que este es un equipo de obreros". Si, y así debe ser también el equipo que se conforme para dirigir a nuestra nación: Un equipo de servidores públicos, en el cual la exaltación e idolatría a una personalidad en particular desaparezca, y tanto los triunfos, como los fracasos sean del equipo.

Creo que debemos sentirnos optimistas en cuanto al panorama político en nuestro país. Creo que debemos ser muy cuidadosos en cuanto a lo que expresamos, puesto que sin querer, con una actitud fatalista que en nada honra la esperanza de los venezolanos, podríamos convertirnos en detractores de nuestra propia nación. Una nación que ha madurado y lo que anhela es ver el trabajo sólido y mancomunado de un grupo de gente que juega para un equipo; de una mano cuyos dedos insertados en un tronco común se mueven armónicamente para cumplir su tarea.

Un ingrediente que determina el triunfo, que no puede faltar en las individualidades de un equipo y que hace posible el hecho de que puedan amalgamarse es, sin lugar a dudas, la humildad. Porque en un verdadero equipo cada uno sabe que su esfuerzo, sin el esfuerzo de los demás es infructuoso. Un verdadero equipo es una familia en la que todos sus miembros son valiosos, se necesitan unos a otros y el respeto y el aprecio mutuo son el cemento que los mantiene cohesionados en el logro.

¡Venezuela necesita el mejor equipo, hagamos que nuestra diversidad se convierta en un arcoíris que ilumine nuestro horizonte y no permitamos que intereses propios se interpongan en el bien de todos los venezolanos!

"El problema de nuestra época consiste en que sus hombres no quieren ser útiles sino importantes".
Winston Churchill

El mejor equipo para Venezuela

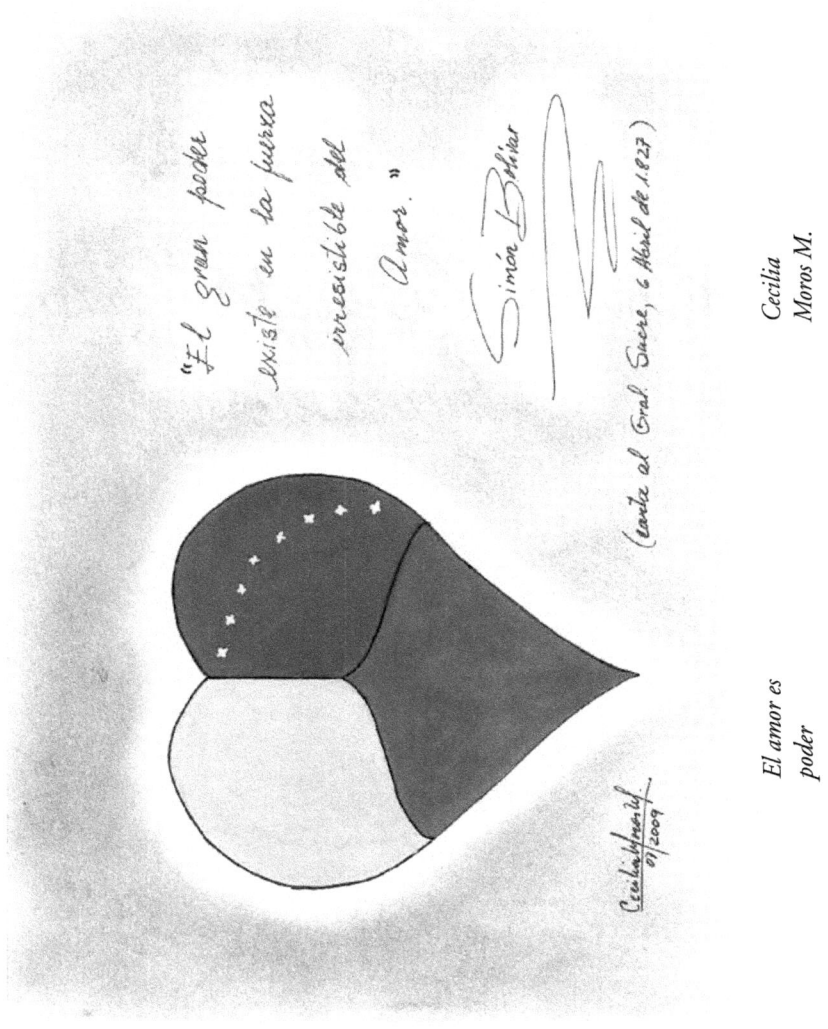

Cecilia
Moros M.

*El amor es
poder*

Sobre los desaciertos humanos

Reflexiones para Venezuela

¿Quién te condena?

Muchos no saben quien soy, delante de ellos puedo ser un alguien distinto. Hay una voz en mi interior, al principio no entiendo sus palabras. Otras veces hay dos voces. Una me atormenta diciéndome que nunca habrá paz y que no puedo perdonarme. Si no puedo perdonarme. ¿Quién podrá hacerlo? Entonces, escucho otra voz que me dice que puedo ser perdonado (a), que siempre hay una esperanza. Pero lo que he hecho me duele demasiado en el corazón.

Mi alma está triste y desolada, mi corazón se ha llenado de lágrimas. Quisiera silenciar esta tormenta dentro de mi ser. Las voces se intensifican dentro de mí. Necesito una salida. Me asomo a la ventana, pienso en la posibilidad... sería fácil y rápido... Mientras pienso y lo considero; la otra voz me habla desde atrás, doy la vuelta y veo la luz del sol que se ha filtrado a través de la ventana, la ventana donde había perdido mis esperanzas... Veo como la luz disipa las sombras en la habitación, siento en mi interior que no todo está perdido.

Alguien ha tocado a mi puerta, me parece el momento menos oportuno para una visita. Pero algo me impulsa a abrir. Una persona me saluda amablemente, me mira a los ojos y veo en los suyos algo que no entiendo.

Es demasiado profundo para explicarlo, pero trasciende mi dolor, siento una paz que nunca antes había sentido…

Comienza a contarme una historia. Se trata de una mujer que está desesperada, que llora, que tiene cara de vergüenza. Ha sido sorprendida en el acto del adulterio. Ha sido traída a Jesús. Los hombres que la acusan, apelan por la ley, dicen que debe ser apedreada e inquieren su respuesta. Él inclina la cabeza y con su dedo comienza a escribir en la tierra.

Después de un rato, lentamente levanta la cabeza, los mira a todos y les dice:
"El de vosotros que esté sin pecado, que sea el primero en arrojar la piedra contra ella". Los hombres confundidos se miran unos a otros. Mientras tanto, Jesús vuelve a inclinarse y continúa escribiendo en la tierra. Parece que al escribir les recuerda cosas, palabras, pensamientos, acciones, momentos…

Poco a poco comienzan a irse, desde los más viejos hasta los más jóvenes. Ahora solo quedan Jesús y la mujer. Él vuelve a levantarse y dirige su mirada a ella, así como la persona que me cuenta la historia me está mirando. Entonces le pregunta: ¿Dónde están todos lo que te acusaban? ¿Alguno te ha condenado? La mujer ve el amor en sus ojos, siente su autoridad, también siente el dolor de su propio pecado… Jesús le habla de nuevo, y le dice: "**Yo tampoco te condeno. Vete y no peques más**".

Esta mujer ha tenido el encuentro más trascendente de su vida. Hoy, a través de esta visita, también he tenido ese encuentro. Ya no siento las cadenas que amarraban mi alma. Ahora solo escucho una voz. Quiero empezar una nueva vida. Soy el mismo ser humano, pero ahora redimido. Pensé que la visita era inoportuna. Tenía mis planes… Pero Dios me ha visitado, y me ha perdonado, y ahora entiendo que **"la importunidad del hombre, es la oportunidad de Dios para hacer sus milagros"**.

Esta historia que les he relatado la dediqué a un grupo de mujeres que me escribieron luego de algunos artículos que publiqué acerca del aborto. Ellas estaban muy tristes, desoladas, por esa terrible experiencia. La culpa no las dejaba vivir, el dolor, el vacío y la desesperación se habían apoderado de sus almas. Entonces, pensando en ellas, y en cómo darles una palabra de aliento, pensé en la vigencia de esta maravillosa enseñanza de Jesús y la uní a una de las historias de ellas.

"Yo soy el que borra tus rebeliones por amor de mí mismo, y no me acordaré de tus pecados". Isaías 43:25.

Reflexiones para Venezuela

Desde el corazón de una madre venezolana al Presidente

En varias ocasiones he escrito dirigiéndome a Ud. Presidente, con la esperanza de que de una u otra manera mis reflexiones lleguen hasta sus oídos. No hay otra motivación que el bien de mi patria, de su patria, de nuestra patria. No otro anhelo que el llegar a su conciencia y a la de todos aquellos que pertenecen a su gobierno. Aunque de antemano sé que muchos me tildarán de ingenua y muchos otros que lo apoyan a Ud., de una manera idólatra, me dirán toda suerte de insultos; pero soy fiel a las razones de mi corazón.

No son una falacia las noticias que se publican semanalmente reportando la muerte de cientos de venezolanos. Tampoco que el tema que más nos inquieta a todos, en todos los ámbitos de la geografía nacional, es el estado de inseguridad en que vivimos. Quizá Ud. y los suyos no sean tan sensibles a este tema porque están custodiados más de lo que han sido cualquier otro presidente y su gente en la historia de Venezuela. Pero nosotros, los venezolanos de todos los colores, nos sentimos angustiados e impotentes.

Su lema, ya modificado: "Patria socialista o muerte" sigue necesitando cambios; pues su esencia es absolutamente antiética. Un lema expresa en una frase el argumento principal de una obra, institución, nación, o en este caso, de un gobierno. Es la idea rectora que regula la conducta de los que están amparados bajo dicho lema. No puedo creer que su misión sea convertir a Venezuela en una nación "socialista" o en su defecto "morir". ¿A la muerte de quién se refiere el lema? ¿De los que anhelan la patria socialista si no la logran? O ¿De aquellos que no acepten la imposición del socialismo chavista? De cualquiera que sea, este lema lo que plantea es la imposición de un sistema, todavía dilucidándose, o la muerte; y la muerte, a no ser la ocurrida por causas naturales, no es ética. ¡Lo ético es la vida y la vida más feliz posible!

Como dice el profesor Aquiles Leandro: "Nada resulta más útil a un individuo humano, que otro individuo humano". Si no lo comprende así, imagínese a dos hombres en una isla solitaria, sin saber el uno de la existencia del otro. ¿Acaso no se sentirían felices al encontrarse y tratarían de ser amistosos y lo más posible recíprocamente útil? La ética busca que los actos humanos se orienten hacia la rectitud. La rectitud puede entenderse como la concordancia entre nuestras acciones con el bien. Y no hay ningún bien en propiciar o ejecutar la muerte.

Si asumimos una actitud de odio hacia nuestros semejantes con pensamientos diferentes, nos disminuimos en nuestra dimensión humana, alejándonos de la felicidad. Si por el contrario, demostramos una actitud de solidaridad, y en vez de la búsqueda de nuestro propio interés, aprendemos a encontrar el bien en cada persona, estamos fomentando nuestro desarrollo como individuos humanos y como nación.

Cuando proclamamos un lema de esta naturaleza, estamos expresando con palabras un pensamiento que va calando en la mente y predeterminando el destino de quienes lo usan y están debajo de su poder de acción. Usted, Presidente, ha proclamado muerte y estamos recogiendo los cadáveres

Como madre venezolana y en el anticipo del día de las Madres del mundo, celebro y proclamo la vida sobre nuestra patria:

La vida que engendró nuestra tierra en la multiplicidad de razas que aquí se mezclaron. La vida que tomó aliento divino para perfeccionarse en un hombre íntegro y feliz. ¡La vida que parieron nuestras entrañas!

Reflexiones para Venezuela

¿A quién iremos?

Estamos viviendo momentos convulsionados en la historia del mundo y en particular de nuestro país. Momentos llenos de odio que han generado una violencia desconocida por muchos de los venezolanos quienes tuvimos la gracia de nacer en democracia. Nos sentimos tristes, desolados, frustrados, impotentes y amargados. Buscamos desesperadamente una salida, alguien que nos dé una respuesta, que nos diga hacia dónde ir.

Desde los tiempos más remotos, el ser humano se ha creído dueño de su vida, ha sido un estratega por naturaleza; ha diseñado planes de toda índole; planes para conquistar nuevas tierras, para establecer nuevos órdenes, para crear y diseñar en función de su propio bienestar, etc., pero a pesar de esta autonomía e independencia, al mismo tiempo, siempre ha tenido ese sentimiento ineludible de querer adelantarse al futuro, ese deseo angustioso de saber qué le deparará el día de mañana.

Pienso, y me pregunto: ¿Acaso por haber tenido este inmenso deseo dentro de nosotros, hemos logrado vislumbrar los hechos que acontecerán en nuestras vidas, o en nuestro país? ¿Acaso por más planes que hemos hecho, hemos logrado conquistar nuestro futuro de la manera que lo anhelamos? Creo sinceramente que nuestros esfuerzos han sido infructuosos. Creo que en nuestro afán de hacer planes, encontrar líderes y establecer estrategias, hemos perdido de alguna manera el rumbo,

¿A quién iremos?

lo hemos perdido individualmente, y consecuentemente lo hemos perdido como nación.

En la arrogancia con que vivimos los hombres en el mundo, hemos pensado que somos "perfectos" y ciertamente el diseño del ser humano es tan maravillo y sorprendente, que sin lugar a dudas, si pudiéramos afirmar que somos "perfectos". Lo que pasa es que esa perfección del diseño de nuestro cuerpo no siempre está acompañada por la excelencia de un alma bondadosa, y tendemos a endiosarnos, a sobrevalorarnos en una actitud de soberbia.

Muchos van detrás de hombres que ellos mismos endiosan, algunos se erigen a sí mismos como sus propios dioses, otros ven con normalidad el creer y confiar en los astros más que en el Dios que los creó, y otros corren presurosos detrás de la maldad, maquinando sin cesar para matar, robar y destruir. Nos hemos equivocado, hemos puesto los ojos en el poder y el dinero; el conocimiento nos ha envanecido y hemos sobreestimado nuestras vidas, considerándonos más valiosos que nuestros iguales.

Pero la historia es buena para enseñarnos que aun los imperios que llegaron a ser más grandes y ricos, también cayeron en medio de su gloria; y nos ilustra con ejemplos en los que tan alto fue el orgullo, tan profunda fue la caída. Como los griegos o el imperio romano que un día fueron esplendorosos como la belleza de una rosa, que en un instante nos sorprende con su belleza y a la mañana, inexorablemente está marchita.

Nos ha llegado el tiempo de volver nuestros corazones a Dios. El tiempo de hacernos individualmente responsables por nuestras vidas. El tiempo de escuchar su voz que nos llama. Sin Dios somos insuficientes para lograr la justicia que tanto anhelamos, sin Dios estamos perdidos en este mundo convulsionado. Cuando Jesucristo enseñaba a sus discípulos, dice la Biblia que algunos se volvieron atrás y ya no andaban con él, entonces Jesús les preguntó a los que quedaban: "¿Quieren acaso ustedes irse también? Y Pedro le contestó: Señor ¿A quién iremos? Tú tienes palabras de vida eterna. Y nosotros hemos creído y conocido que tu eres el Cristo, el hijo del Dios viviente".

Al igual que Pedro, elevo mi mirada a los Cielos y desde el fondo de mi corazón le digo hoy: Señor ¿A quién iremos? Y su voz tan fuerte como el estruendo de las muchas aguas y tan dulce como un silbido apacible, me responde:

"Venid a mí todos los que estáis trabajados y cargados, y yo os haré descansar". *(Mateo 11:28)*.

Reflexiones para Venezuela

Cuando el dolor es en el alma

El Dr. Bernard Nathanson fue uno de los médicos que más luchó para conseguir la legalización del aborto en Estados Unidos durante los años setenta. Sin embargo, cuando las imágenes de ultrasonido de un aborto, practicado a una mujer con 12 semanas de embarazo, pasaron frente a sus ojos le movieron el piso enteramente. Un excelente médico, experto en su área quizá más que ningún otro, con suficiente orgullo para no dejarse amilanar por 'los moralistas del aborto', y sobre todo con mucho dinero, el dios de este siglo, llenándole su alma soberbia de poder.

Nathanson se tambaleó, el grito del bebé en la película, el cual el llamó "El grito silencioso", comenzó a producir en su alma un terrible dolor. Se preguntaba una y otra vez cómo había podido llegar a ser tan ciego en cuanto a la naturaleza del aborto. Esta pregunta lo llevó a buscar retrospectivamente en su vida, y una nueva película lo dejó aún más conmocionado. Era la película de su propia vida marcada por una sentencia de su padre: "No dejes que nadie se interponga en tu camino". Y así había sido, Nathanson no solo había quitado cualquier obstáculo de su camino, sino que también había entregado a la muerte a dos de sus hijos. Todos estos recuerdos dolían ahora en su alma, aunque tiempo atrás al haber sido interrogado sobre sus propios bebés en una entrevista, contestó: "No sentí absolutamente ningún tipo de remordimiento al practicar el aborto de mis propios hijos, tan solo el orgullo interno de que una vez más lo había logrado excelentemente".

En su libro, The Hand of God: A Journey from Death to Life by the Abortion Doctor Who Changed His Mind (La Mano de Dios: Un Viaje de la Muerte a la Vida por un Médico de Abortos que cambió su Corazón), cuenta su profundo dolor al ver como conceptos abstractos de medicina se transformaron en imágenes vívidas de bebés que lloraban y gritaban en el terrible acto del aborto. Esta revelación se convirtió en un devastador sentido de culpa. Se dedicó a leer las Confesiones de San Agustín, libros de Kierkegaard, Tillich y Dostoievski entre otros, mientras contemplaba la idea del suicidio. "Sentí que la carga del pecado se hacía más pesada y más insistente. Tenía un bagaje moral tan pesado que pensaba era necesario llevar al otro mundo". No podía conciliar el sueño y las noches se convirtieron en largas horas donde era torturado por el miedo.

Un día se preguntó si la solución final de San Agustín estaría disponible para él. ¿Podría él aceptar el cristianismo? Con esta interrogante en su mente asistió en el año 1989 a un rally pro-vida en la ciudad de Nueva York, manteniéndose alejado ya que tenía prohibición de estar presente en ese evento por orden judicial. Entonces lo que vio allí se convirtió en una luz en medio de sus tinieblas: "Ellos mostraban una intensidad en el amor y en la oración que me dejó pasmado". Esta experiencia lo llevó a continuar su búsqueda por la liberación de su cautiva alma. Abandonó su práctica médica y se dedicó a hacer estudios avanzados en Bioética en prestigiosas universidades. Habló con autoridades de diferentes religiones y a todos les preguntaba si habría una esperanza para él.

Su búsqueda no fue infructuosa, como Charles Colson nos relata en su libro, Shall We Live Now (Y Ahora ¿Cómo Viviremos?), una mañana del otoño de 1996 recibió una sorprendente llamada. El Dr. Bernard Nathanson lo invitaba a su bautismo en la iglesia San Patrick. Nathanson había llegado finalmente a su Salvador. Había tenido su encuentro con Dios, y estaba siendo liberado de la culpa y el miedo. Aquí estaba un hombre poderoso que había sido ateo por convicción, cuyas buenas intenciones lo habían llevado a cometer un asesinato en masa, arrodillado ante la cruz de Cristo. Aquí estaba rindiendo su ser ante Dios, confesando su pecado y reconociendo, como el ladrón al lado de la cruz de Jesús (Lucas 23:41-43), que solo Jesucristo tiene poder para librarnos del dolor del alma.

"Un buen arrepentimiento es la mejor medicina para las enfermedades del alma"
Miguel de Cervamtes Saavedra.

Reflexiones para Venezuela

El perfil del mal

Hay cosas en el mundo que aunque se maquillen de festivos colores tienen una esencia perversa; es decir, lo permanente e invariable en ellas es el mal. Hay personas que expresan una multiplicidad de buenas razones, buenos pensamientos y buenos sentimientos, pero la verdad es que la motivación que subyace en su interior es egoísta y mezquina. Personas que hablan de paz pero en sus corazones hay guerra, tal cual hemos visto con perplejidad en los últimos días.

Al meditar en todos estos hechos de los cuales el mundo entero ha sido testigo, al ver pueblos que reaccionan ante dictadores que los han oprimido durante décadas, sometiéndoles al hambre, a la pobreza, a la muerte y a limitaciones de sus derechos humanos en todas las esferas de la vida. Al pensar en las guerras absurdas que duran años y años, y al final solo cosechan destrucción, enfermedad y muerte, he recordado un pasaje en el libro de Proverbios (6: 16-19) que dibuja claramente un perfil de lo que hay en el hombre que es abominable a los ojos de Dios.

Seis cosas se enumeran en este pasaje que muy bien podrían convertirse en un medidor para juzgar el mal. Comienza con **"los ojos altivos"**, la arrogancia del que mira sin ver, del que tiene demasiada estimación por sí mismo, al punto de creerse insustituible; esos que se consideran como "dioses". Le sigue la sazón de **"la lengua mentirosa"**, la lengua que guarda debajo de sus canciones, poesías, halagos y promesas, la falsedad; la lengua que no reconoce la soberbia de los ojos altivos y los viste con un elegante traje de justificaciones; la que no para de hablar porque en la multitud de las palabras el pensamiento va maquinando la mentira.

Luego, se hace más violento al nombrar a **"las manos que derraman sangre inocente"**; manos que tiñen de rojo la historia de los sencillos y humildes que viven sus vidas anhelando sus sueños. Manos que bombardean pueblos enteros que lloran sus penas, manos que no enjugan lágrimas de dolor, ni tampoco hacen el esfuerzo por ejercer el control de **"los pies que corren presurosos al mal"**, que estiman la vida como nada a cambio de un par de zapatos, o los consideran bajas necesarias.

Más adelante menciona al **"corazón que maquina pensamientos inicuos"**, el corazón con pensamientos de maldad, sin justicia. Porque el que hace lo malo, primero se sienta a planificar su estrategia, no improvisa en el mal, lo estudia, lo prueba y lo fortalece con la práctica. Y en esta estrategia del mal cuentan siempre con el **"testigo falso, que dice mentiras"**, aquellos de doble ánimo dispuestos a jurar un día para que la mentira se convierta en algo creíble, y al día siguiente ellos mismos la crean como verdad.

Y para cerrar este perfil, concluye el proverbio con lo peor del mal **"el que siembra discordia entre hermanos"**, el que no respeta los vínculos más sagrados de la sangre y de la tierra sino que usa su verbo para sembrar la semilla del odio entre hermanos, y cuando la cosecha se siente orgulloso de su logro. Después de todo, él es casi un "dios", indispensable, sin sustitución; al que la historia enaltecerá a pesar de haberle clavado una daga al corazón de la madre que llora por sus hijos separados.

Muchas veces la gente espera de nosotros y juzga como algo bueno el hecho de que callemos. Muchos deciden callar porque es más cómodo no involucrarse, no asumir una posición, ni siquiera ante los círculos de influencia más cercanos a su vida. Otros se conforman con decir que no son políticos y esperan que unos pocos hagan el trabajo que nos corresponde a todos.

"Lo más atroz de las cosas malas de la gente mala, es el silencio de la gente buena".
Mahatma Ghandi

Reflexiones para Venezuela

El valor de la vida

Me siento conmovida dentro de mí, me llora el corazón de madre, de hermana y amiga. Nuestro país se ha convertido en un campo de batalla en donde se libra una guerra silenciosa, una guerra no declarada, una guerra sin motivos aparentes, en la que el enemigo se mueve a sus anchas sin ninguna restricción, si ningún contra-ataque de la defensa. Un lugar en el cual cada día a más y más venezolanos se les quita la vida con un ensañamiento brutal, como si no tuviera ningún valor ni para el enemigo, ni para los que tienen el deber de defender a todos los ciudadanos.

Tenemos una sociedad enferma hasta los tuétanos. Los índices de muertes violentas en nuestro país no son más que la expresión de un pueblo al que se le negó el derecho al saber y se le cambiaron los libros por armas. Se les negó el derecho a la salud física y mental y se les envenenó el pensamiento con el odio más férreo; como si por un acto de cirugía se les hubiera extirpado el corazón y se les hubiera extraído toda la bondad.

Continúan maquillando el horrible rostro de un gobierno cruel que abandona a sus ciudadanos; que los entrega indefensos ante los monstruos que ha formado con su mensaje de pelea y muerte; que ha despreciado sus vidas con la más vergonzosa indiferencia. Un gobierno

El valor de la vida

que equivocadamente ha gastado millones y aún continúa desperdiciando nuestro dinero para comprar armas para la única guerra que enfrenta en su propia casa y en la que mata a sus propios hermanos.

Pueden alegrarse, cantar, y hasta acudir a Dios para interceder por una vida que les ha negado a los hijos de su propia patria el derecho más fundamental de todo ser humano. Pueden continuar guardando su basura bajo la elegante alfombra de colores vivos pretendiendo que no pasa nasa, pero en las calles de nuestro país la sangre ha perdido su rojo rutilante para convertirse en un morado opaco y sombrío; para convertir las dulces y esperanzadas almas de las madres en un desierto desolado y triste que llora y gime.

Dios no le pertenece a nadie, no es exclusivo de ninguna religión. Todos tienen la libertad de venir a Él cuando quieran y hacer sus peticiones; pero no pensemos que un poco de oración pública puede limpiar un alma que no se ha arrepentido. La relación con Dios es personal, no es un encuentro a través de otros; es un cara a cara; es una rendición total de nuestro ser a la voluntad suprema. Ciertamente, Dios quiere que todos los hombres sean salvos y vengan al conocimiento de su voluntad, pero solo un corazón contrito y humillado puede llegar hasta Él.

Cuándo vendremos delante de Dios para clamar al unísono por una nación que pierde a sus hijos; por una patria enferma en la que los hermanos se odian; en la que el don más sublime dado al hombre, la vida, se desvanece en las manos del violento. Cuándo entenderemos que al único que debemos rendir adoración es al Dios autor y dador de la vida. Hasta cuándo seguiremos levantando ídolos, como los israelitas en medio del desierto. Hasta cuándo seguiremos idolatrando hombres en un culto frenético a la personalidad.

Por nuestra parte, seguiremos clamando a Dios por nuestra nación, seguiremos levantando nuestra voz ante la injusticia, seguiremos declarando verdades y proclamando la vida. Seguiremos llorando la muerte de cada venezolano, seguiremos abrazando a sus seres queridos.

Para nosotros la vida no tiene precio que pueda ser pagado; para nosotros la sangre que tenía que ser derramada ya fue entregada en la cruz del Calvario. Para nosotros que estimamos la vida de cada uno como la propia, proclamamos nuevamente sobre nuestra nación la bendición de Dios sobre todos y pedimos VIDA.

"En el camino de la justicia está la vida; y en sus caminos no hay muerte".
Proverbios 12:28.

La vara de la justicia

"Y les dijo a los jueces: Miren bien lo que hacen, porque ustedes no juzgan en nombre de los hombres, sino en nombre de Dios, quien está con ustedes cuando administran justicia. Que el temor a Dios esté con ustedes. Cuiden bien lo que hacen, porque el Señor nuestro Dios, no tolera que se hagan favores a uno más que a otro; no soporta a los jueces pervertidos, ni a los que se dejan comprar con regalos". II Crónicas 19:4-7.

En tiempos del rey Josafat, en la antigua Judá, se establecieron jueces en todas las ciudades fortificadas; así como también jefes de las familias de Israel para que administraran justicia en medio de sus hermanos. Y estas palabras con las que comenzamos hoy fueron las palabras dadas por el rey a esos jueces.

Vemos pues, como desde tiempos memoriales ha sido necesario establecer personas idóneas en la administración de justicia. Sabemos que tanto en nuestro país, como en muchos otros alrededor del mundo para que una persona llegue a ser juez debe cumplir con una gran cantidad de requisitos profesionales; es decir, debe estar capacitada para este fin y ser aprobada por una universidad, hacer una carrera en la administración de justicia e ir subiendo escalafones hasta llegar a esta honorable posición.

Reconocemos que hay una gran cantidad de jueces en nuestro país que son, no solo profesionales del derecho, sino también personas íntegras, con una moral incuestionable, y quienes saben que la administración de justicia es un acto que conlleva implícitamente un valor espiritual, ya que la persona que lo imparte, en cierto sentido tiene en su humanidad el poder de juzgar la humanidad del otro.

Todos los hombres somos hechos del mismo material, todos somos tentados a las mismas bajezas humanas. Todos sin excepción, por eso, dicen las escrituras que por cuanto todos hemos pecado, todos hemos sido destituidos de la gloria de Dios. He aquí el inmensurable valor del sacrificio de Jesucristo en la cruz, él murió para pagar el pecado de todos, y cuando lo aceptamos volvemos a ser insertados en esa gloria de la cual habíamos sido destituidos.

Por supuesto todo esto en un sentido espiritual, pero aquí, en el mundo, tenemos que ser juzgados y castigados por nuestras obras. Para esto existen los jueces, para determinar la culpabilidad y administrar la justicia. Para esto existen las leyes, para determinar cuando un acto es delictivo y punible, y los jueces son quienes interpretan las leyes y las ejecutan.

También sabemos y hemos escuchado casi hasta la saciedad, que hay jueces que no poseen ese código de ética y moral que deberían tener. La Biblia les dice que cuando juzguen tengan "el temor de Dios en sus corazones, que miren bien lo que hacen, porque Dios no tiene acepción de personas". ¿Es que acaso aquellos que modifican sentencias de acuerdo al tamaño o el valor material de los presentes que reciben, podrán seguir adelante con sus vidas sin ser ellos juzgados?

Aunque quizá delante de los ojos de los hombres sean libres de juicio, no será así delante de los ojos de Dios, porque Dios ama la verdad y está con aquellos de íntegro corazón, con aquellos que no le ponen precio a su apreciado deber de administrar la justicia. Después de todo, las leyes de Dios se cumplen sin acepción de personas.

"Todo lo que el hombre sembrare eso también segará".
Gálatas 6:7

La vara de la justicia

El temor de Dios

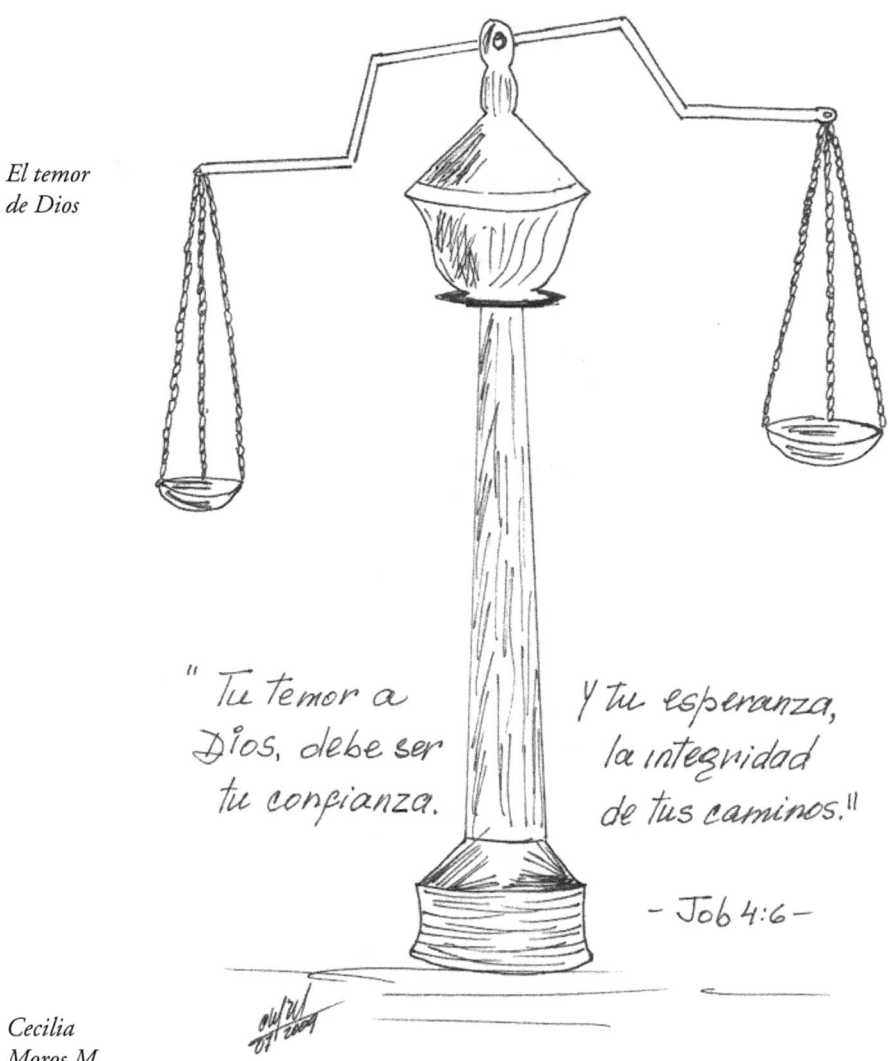

"Tu temor a Dios, debe ser tu confianza. Y tu esperanza, la integridad de tus caminos."

— Job 4:6 —

Cecilia Moros M.

Reflexiones para Venezuela

Quisiera saber Señor Presidente

Quisiera saber Señor Presidente, qué piensa Ud. cuando lee las noticias sobre la cantidad de crímenes que ocurren cada día en este, nuestro país. País al que Ud. prometió convertir en el mar de la felicidad, igual que a la isla que Ud. le vende a los venezolanos como la isla de la fantasía.

Quisiera saber Señor Presidente, qué fibra se le mueve en el corazón, si es que tiene uno de carne y no de piedra, cuando se entera de alguna manera acerca de las cifras de la cantidad de muertes ocurridas en toda nuestra nación. De la cantidad de jóvenes asesinados en nuestros barrios y urbanizaciones y ahora universidades.

Quisiera saber Señor Presidente, si algún día le han informado sus lacayos socialistas que en nuestras grandes ciudades a diario secuestran a jóvenes, mujeres y niños en una modalidad que libremente llaman "secuestro express"; me imagino que por la inmediatez con la que los secuestradores logran conseguir el dinero que muchas veces le ha costado muchos años de esfuerzo y trabajo duro a las familias. Por cierto, trabajo duro como el que no conocen muchos de sus ministros y amigos que se enriquecen con el dinero de muchos ahorristas ingenuos.

Quisiera saber Señor Presidente

Quisiera saber Señor Presidente, si Ud. tendría el valor y la fe para salir a caminar por las calles de los pueblos y ciudades de Venezuela, sin más escolta que los ángeles de Dios, a quien nos encomendamos cada día en esta terrible lucha contra el miedo que sentimos todos los venezolanos.

Quisiera saber Señor Presidente, si ese miedo es parte de su estrategia para seguir apoderándose de este país, sacándonos de él a la fuerza, aunque disimulada a través de la delincuencia.

Quisiera saber Señor Presidente, si su consciencia le redarguye cada vez que invierte el precioso tiempo que Dios nos da en hablar horas de horas de todo lo que se le ocurre, pero deliberadamente no habla del peor mal que enfrentamos todos los venezolanos: la inseguridad.

Quisiera saber Señor Presidente, si esto se debe a que está Ud. tan cómodamente rodeado de personas que morirían antes que permitir que a Ud. le pasara algo malo. Tan cómodamente rodeado de lujos y placeres, que se le ha cauterizado la conciencia y tiene el entendimiento entenebrecido, a causa de la dureza de su corazón.

Quisiera saber Señor Presidente, qué respuesta tiene para todas las madres que lloran a sus hijos muertos y para aquellas que las acompañamos en su dolor. Para todas las que perdemos el sueño y cada día tenemos el coraje de seguir viviendo en este país, que a Ud. Señor Presidente le queda grande así como le queda grande el título con el que lo he distinguido en este escrito, no por Presidente, sino por Señor.

Quisiera saber Señor Presidente, si va a responder a mis interrogantes o si va a seguir haciéndose el sordo ante una situación que habla más duro y más largo que todos sus "Aló Presidente."

Quisiera saber Señor Presidente...

Quisiera saber Señor Presidente

*El que
tiene oídos
para oir,
oiga*

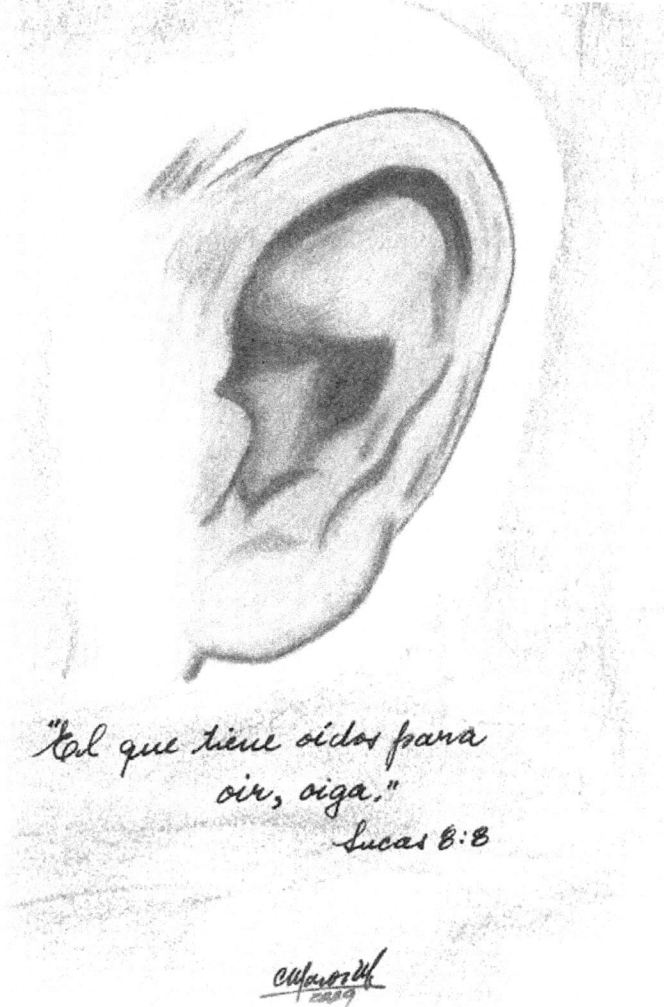

*Cecilia
Moros M.*

Reflexiones para Venezuela

Vivir sin miedo

De acuerdo a las ciencias sociales el miedo puede aprenderse en la sociedad, de hecho, es factor primordial en el desarrollo del individuo al permitirle establecer límites dentro de su campo de acción, para no incurrir en situaciones que amenacen su integridad. Es esa "emoción primaria" que nos permite dar una respuesta para defendernos y al mismo tiempo adaptarnos. Además, estas ciencias también expresan que de la misma manera que el miedo se aprende, también se puede aprender a no tener miedo.

Y eso es precisamente lo que anhelo y en lo cual trato de entrenarme todos los días, a aprender a vivir sin miedo. Porque vivir con miedo es vivir en la cárcel de nuestros pensamientos; es sentir que esa "perturbación angustiosa" va perdiendo su temporalidad para convertirse en un estado casi permanente. Es como una batalla constante de nuestro ser interior. Una batalla que mantiene nuestros músculos tensos y nuestra respiración muy corta. Una batalla sin tregua que va consumiendo nuestras fuerzas.

No es una tarea fácil dejar de sentir este miedo cuando vivimos rodeados de un peligro real que amenaza constantemente contra nuestras vidas. Pero no podemos convertirnos en ermitaños en nuestras cuevas. Debemos ser muy prudentes, pero jamás permitir que este estado de anarquía e indiferencia nos arranque el derecho a vivir sin miedo. El derecho a sentir que nuestro corazón late a su ritmo fisiológico y no que defendiéndose quiera salirse de nuestro pecho y siga latiendo aceleradamente cada día.

"Todo individuo tiene derecho a la vida, a la libertad y a la seguridad de su persona". Este es un derecho fundamental del hombre y todas las naciones están en la obligación de convertirlo en su máximo ideal. Y de esforzarse en promoverlo en sus instituciones mediante la educación y el respeto para asegurar que cada individuo sea plenamente capaz de disfrutarlo.

Al pensar en esto, siento que la manera de transformar la fuerza del miedo que destruye y anula, en una fuerza positiva que nos levanta, es acercándonos a aquel que nos dio la vida y nos ha prometido una existencia con paz y sin miedo.

"La paz os dejo, mi paz os doy; yo no os la doy como el mundo la da. No se turbe vuestro corazón, ni tenga miedo". Juan 4:27

Reflexiones para Venezuela

Más que pajarillos

Hoy en día es muy común escuchar la palabra "stress" la cual podría ser traducida al español simplemente como "angustia", así que cuando castellanizamos la palabra diciendo que estamos "estresados", muy bien podríamos decir que estamos "angustiados". Es ese estado de extrema inquietud el cual muchas veces va acompañado de temor; ese estado de intranquilidad que o bien nos paraliza, o nos hace ir a millón pensando que no hay tiempo ni esfuerzos suficientes.

Miles de libros se han escrito sobre este tema, muchos muy bien fundamentados científicamente, otros muy superficiales y muchos otros ofrecen consejos útiles. Sin embargo, pareciera que el 'stress' se ha apoderado del hombre en la actualidad. No hay edad, sexo, ni ninguna condición que sea la excepción a este mal. Una gran parte de la población mundial toma algún tipo de medicamento para minimizar este estado de excesiva intranquilidad. Otros recurren al cigarrillo para conseguir ese efecto tranquilizador de los fármacos, muchos se refugian en el alcohol, y muchos otros se rinden poco a poco ante el mundo oscuro de las drogas.

Es totalmente evidente este estado de angustia en nosotros; las calles son un buen lugar para ver sus manifestaciones. La gente se grita, se apura, acelera, no le permite el paso a nadie. En cualquier lugar donde tenemos que hacer una cola de espera somos poco amigables, y generalmente estamos malhumorados. También en nuestros hogares somos poco pacientes, y muchas veces queremos las cosas para ayer. A veces estamos apurados, simplemente por costumbre, y llevamos nuestras vidas con tanta prisa que sin darnos cuenta no apreciamos los pequeños detalles, los breves momentos, que a fin de cuentas son los que hacen la vida.

Tratando de no perder ni un instante, perdemos los mejores momentos de nuestras vidas. Nos afanamos por lo que aún no ha llegado, por el distante mañana; y el hoy se nos escurre como agua entre las manos. Queremos tener un mañana hermoso, con lo mejor de lo que imaginamos. Queremos construir nuestros sueños de hoy en un mañana que vamos perdiendo cada día, porque es el hoy con lo que contamos.

Oímos sin escuchar, no nos relajamos, y así perdemos las más hermosas melodías, la voz de nuestro cónyuge, las risas de nuestros hijos, la bendición de nuestros padres. Estamos aturdidos en medio de ruidos estridentes que aun cuando estamos en lugares donde podríamos disfrutar de los sonidos de la naturaleza y relajarnos, entonces buscamos la estridencia y la ponemos delante de nosotros como si tratáramos de apagar nuestra propia voz interior. Conversamos pero no nos escuchamos, no nos miramos a los ojos para descubrir lo que va más allá de las palabras. Nos sentamos juntos pero no nos conectamos. Nuestras mentes están en un constante movimiento, van más rápido que nuestros cuerpos por lo tanto a veces perdemos el sentido de lo que hacemos.

Además, pareciera que no podemos estar a solas con nosotros mismos, entonces siempre estamos tratando de llenar nuestras vidas con personas y cosas, que muchas veces solo la llenan de más vacío y soledad. Más allá de todo esto, también están aquellos a quienes la angustia los reduce a seres débiles, tristes, desesperanzados, incapaces de ver la luz a pleno día. Aquellos cuyas propias vidas se les hacen demasiados pesadas para soportarlas, y muchas veces terminan decidiendo su suerte de la manera más desgraciada.

Todo esto es lo que estamos viviendo en este siglo caracterizado por la inmediatez. Y en medio de este tiempo, así como en tiempos pasados sigue vigente la Palabra de Dios cuando nos relata que mientras Jesús hablaba con sus discípulos, les enseñaba de los afanes de la vida diciéndoles:

"Por tanto no os angustiéis por vuestra vida. ¿No es la vida más que el alimento y el cuerpo más que el vestido? Mirad las aves del cielo, que no siembran, ni siegan, ni recogen en graneros; y sin embargo, vuestro Padre celestial las alimenta. ¿No valéis vosotros mucho más que estos pajarillos? Así que no os angustiéis, antes bien buscad primeramente el reino de Dios y su justicia, y todas estas cosas os serán añadidas". Mateo 6:25-34.

Más que pajarillos

Más que pajaritos

Cecilia Moros M.

Rosalía Moros de Borregales

Reflexiones para Venezuela

Una voz que clama en el desierto

Son muchas y múltiples las maneras en las que los venezolanos hemos levantado nuestra voz ante todos los atropellos, violaciones de los derechos humanos y desaciertos de este 'gobierno revolucionario'. Una y otra vez nos hemos golpeado contra una pared sorda y ensoberbecida al extremo. Sin embargo, y a pesar de la gran preocupación que hemos sentido por los jóvenes estudiantes en huelga de hambre en todo el país, los logros obtenidos por ellos nos hacen pensar con esperanza.

¿Qué motiva a un joven estudiante a dejar su casa, su universidad y su vida para entregarse a sí mismo a un sacrificio tan extremo que podría resultar en la muerte?

¿Qué hace que la decisión de uno se convierta en la decisión de muchos, y que de repente el fervor de sus almas se convierta en un grito que clama porque se haga justicia a personas no familiares para ellos?

¿Qué fuerza tan poderosa se desata desde lo más profundo de sus corazones para luchar con semejante valentía por un país que les ha dado tan poco, y que aun lo poco que tienen les quiere arrebatar?

¡Este es un escenario para reflexionar! Y en mi más personal opinión, para darle gracias a Dios, como dijo uno de los muchachos, quien no los abandonó sino más bien los fortaleció, porque luchan por una causa justa. Buscan esa justicia que parece imposible en este mundo. Se han convertido en la conciencia de este régimen, en ese "Pepe-grillo" que les susurra al oído su mentira, lo hueca que es su filosofía; que les recuerda que esta Venezuela es de todos los venezolanos, y de todos los estudiantes, no solo de los que se visten de rojo y han aprendido el odio, como lo demuestra la manera en que han subestimado el sacrificio de hambre de sus iguales con olores de parilla.

Pues, la motivación viene de las entrañas de la tierra, de este suelo y de este cielo que nos es común. De ese vínculo de amor, profundamente arraigado en nuestro ser por el país que nos recibió al nacer. Por la patria que sentimos nuestra, de todos, y no mezquinamente de ellos. Por el anhelo de que los designios de su tierra, nuestra tierra, sean dirigidos no por la voluntad egoísta de alguien que quiere perpetrarse en el poder, sino por la fusión de muchas voluntades inteligentes y bondadosas que esta tierra ha visto nacer.

La decisión se hace más férrea en cuanto se convierte en la convicción de muchos y su clamor es por sus hermanos venezolanos. Cuando la voz de uno se convierte en la voz de muchos, es como si el corazón de todos se convirtiera en el de un solo hombre, y ante esto se desata una fuerza pacífica que es inquebrantable y a la que nadie puede vencer.

Es nuestro deber levantarnos como el sustento de estos jóvenes y hacer por ellos lo que cada uno sabe mejor hacer.

"Bienaventurados los que tienen hambre y sed de justicia, porque ellos serán saciados". Mateo 5:6

Reflexiones para Venezuela

Lo que hay en el corazón determina lo que somos

Indudablemente que el corazón, hablando en términos físicos, es el motor de nuestro cuerpo; si él está en buenas condiciones nos sentimos saludables, si deja de latir, todo nuestro cuerpo dejará de funcionar. De la misma manera es nuestro corazón, hablando en términos espirituales, ese centro de nuestro ser en donde residen nuestras emociones, nuestros sentimientos, pensamientos e intelecto. Del corazón depende nuestra vida, lo que somos, lo que hablamos y cómo obramos.

Es en el corazón del hombre donde nacen y crecen los sentimientos que nos unen a los seres que nos rodean. Es el corazón la fábrica de nuestros sueños, donde se han originado las grandes ideas que han traído grandes beneficios a la humanidad. De la misma manera, es también el "lugar" de donde han surgido los grandes males que ha vivido la humanidad. El corazón de algunos hombres ha sido la fábrica de odios que se ha traducido en millones de muertes en el mundo entero. Cuando Jesús enseñaba a sus discípulos les hablaba acerca de cómo reconocer a las personas por los frutos que dan en sus vidas: "Porque cada árbol se conoce por su fruto; pues no se cosechan higos de los espinos, ni de las zarzas se vendimian uvas. El hombre bueno, del buen tesoro de su corazón saca lo bueno; y el hombre malo, del mal tesoro de su corazón saca lo malo". Lucas 6:43-45.

Es en el corazón donde se originan las palabras pronunciadas por nuestras bocas. Las palabras son solo la traducción de lo que en esencia hay allí. Cuando abrimos una botella de vino esperamos degustar el sabor de la uva, porque es esa la esencia de lo que reside en la botella. Por eso no es difícil discernir lo que hay en el corazón de alguien. Cuando una persona habla, de la abundancia de su corazón fluyen las palabras. Ellas reflejan lo que hay en el corazón. Aun cuando una persona haga uso de palabras "bonitas" para expresarse, es fácil descubrir lo que está más allá de las palabras. Recuerden que cuando las palabras no coinciden con el testimonio de vida carecen de sentido, pierden toda su efectividad; porque son los hechos los que hablan más fuerte que todas las palabras, y al mismo tiempo los que hacen que las palabras cobren vida. Como bien lo expresa el evangelio: "Lo que sale de la boca, del corazón sale; y esto contamina al hombre. Del corazón salen los malos pensamientos, los homicidios, los adulterios, las fornicaciones, los hurtos, los falsos testimonios y las blasfemias". Mateo 15:18.

Más aun, la mayoría de las veces, no es necesario hacer uso excesivo de las palabras para dar a conocer lo que hay en nuestros corazones. Sencillamente la manera como obramos mostrará nuestro tesoro. No puede quien tiene un corazón lleno de odios expresar amor, por tan solo el uso de las palabras adecuadas. Estas palabras serán huecas, como címbalos que retiñen, incapaces de expresar una melodía armoniosa.

Estamos viviendo momentos históricos en los cuales es absolutamente necesario que agudicemos nuestro discernimiento para tomar decisiones. Hemos tenido suficiente para evaluar lo que hay en el corazón de los líderes que aspiran guiar el futuro de nuestra patria. Busquemos los consejos de la infinita sabiduría de Dios, para juzgar justamente.

La grandeza es del tamaño de la humildad del corazón
¡Juzguemos!

Lo que hay en el corazón determina lo que somos

Cecilia Moros M.

La grandeza es del tamaño de la humildad del corazón

Reflexiones para Venezuela

Presidente, no hay integridad en un cambio sin arrepentimiento

En la vida de todo ser humano suceden acontecimientos inesperados que no son controlados ni determinados por el deseo de su voluntad. Pero, la respuesta a cada uno de estos acontecimientos sí le compete a la voluntad de cada individuo. La puerta del cambio del corazón del hombre es una de esas pocas que solo tienen llave por el lado interno. Otros pueden tratar de persuadirnos de muchas maneras y a través de diferentes mensajes, pero al final la decisión de hacer un cambio en el rumbo de nuestras vidas es absolutamente individual.

Sin embargo, como no vivimos solos sino en comunidad, las decisiones que tomamos trascienden las barreras de nuestra individualidad y afectan de una u otra forma a quienes están a nuestro alrededor. Hemos observado que ante la experiencia de este acontecimiento inesperado de su enfermedad, Ud. ha decidido cambiar el lema repetido hasta la saciedad por su persona y sus seguidores: "Patria socialista o muerte". Finalmente, fue su decisión, a pesar de que en varias oportunidades y a través de diferentes personas se hicieron análisis éticos de las consecuencias fatales de dicho lema, instándole a modificarlo.

Personalmente, me alegro de que no se escuche más este lema en Venezuela. Ahora bien, Ud. ha proclamado un nuevo lema y otra vez, al igual que cuando decidió este, ha tomado su decisión sin explicarle a la nación su significado. Aun a los niños más pequeños los padres deben explicarles las decisiones que toman y las consecuencias de estas. Como Presidente de esta nación, cuyas decisiones afectan la vida nacional, es necesario que Ud. ofrezca al pueblo venezolano, no solo una explicación sobre el significado de esta nueva idea rectora, sino también perdón por haber proclamado durante tanto tiempo palabras llenas de odio, que como flechas lanzadas han volado por los cielos hiriendo a nuestra patria.

El concepto cristiano de arrepentimiento conlleva no solo el sentir pesar por los actos cometidos, por la maquinación guardada, o por la palabra hablada, sino la actitud restauradora y compensadora hacia aquellos que han sufrido las consecuencias del mal que se ha ocasionado. No basta con cambiar un lema, es necesario cambiar de actitud; y la actitud de un corazón no se puede maquillar con palabras bonitas, porque la fuerza del alma impregna con su sello todo lo que hacemos. Las palabras manifiestan el color con el que está teñida el alma.

Cuando cambiamos de actitud en el centro de nuestro propio ser interior, entonces ese cambio se manifiesta en todo lo que somos; entonces imprimimos a nuestras palabras la luz que ha iluminado nuestras almas.

Rectificar es de valientes. Pedir perdón es un ejercicio del alma noble.

"El que encubre sus pecados no prosperará, pero el que los confiesa y se aparta de ellos alcanzará misericordia. Bienaventurado el hombre que siempre teme a Dios, pero el que endurece su corazón caerá en el mal". Proverbios 28:13-14.

Sobre Dios y su relación con nosotros

Reflexiones para Venezuela

El príncipe de paz

La navidad es, sin temor a equivocarme, el tiempo más bello y dulce de todo el año; caracterizado por dos sentimientos fundamentales: Por un lado, la alegría y por el otro, el amor expresado en el compartir de los sentimientos, las emociones, los besos, los abrazos, la deliciosa comida y los regalos… Es tiempo de ilusiones, de sueños esperados, de la risa de los niños y sobre todo, es el tiempo de estar cerca de aquellos que amamos.

En el mundo entero de una u otra forma, se celebra este tiempo. Todos los credos y razas del mundo, de una u otra manera se han unido a la celebración de la Navidad. Para nosotros, los cristianos, representa la celebración del nacimiento del Redentor prometido al pueblo amado y escogido de Dios, Israel, pero convertido en el Salvador del mundo: "Porque de tal manera amó Dios al mundo que envió a su hijo unigénito para que todo aquel que en él crea, no se pierda más tenga vida eterna". Juan 3:16. Y para otros es sencillamente la Navidad, sin muchas explicaciones, pero contagiados por esa atmósfera de alegría, por el deseo de dar y recibir, por estar al unísono con el resto del mundo.

Esta época tiene especial trascendencia para todos los hombres. Han nacido grandes filósofos en el mundo, pero ninguno de ellos dividió la historia de la humanidad como pasó con Jesucristo. De ninguno de ellos recordamos su nacimiento cada año; de ninguno de ellos recibimos las palabras de amor, paz y consuelo para vivir en esta Tierra; de ninguno de ellos tenemos la promesa de la vida eterna después de la muerte, como sí la recibimos de Jesucristo a través de las Sagradas Escrituras, la Biblia, el libro que ha sido traducido a más idiomas y el cual ha sido publicado más que cualquier otro.

Ese gran libro anunció en Isaías 9:6-7 "Porque un niño nos ha nacido, hijo nos ha sido dado, y el principado sobre su hombro. Se llamará su nombre: Admirable, Consejero, Dios fuerte, Padre Eterno, Príncipe de Paz".

Y ese niño que nació también creció y fue sacrificado en una cruz, y nos dio con su muerte la vida. Él está esperándonos a todos con los brazos abiertos. Si tú vienes hoy a Él, y confiesas con tu boca y crees en tu corazón que Él es el SEÑOR; si haces de tu corazón ese pesebre de Belén, reconociendo con humildad la insuficiencia de tu humanidad y la magnificencia de su divinidad, entonces Él puede venir y darte un nuevo nacimiento para hacerte libre.

Quisiera poder escribir hoy las palabras más bellas y con ellas tocar sus corazones. Plasmar con la tinta este deseo ardiente de mi ser por la felicidad de mi patria. Mi deseo convertido en oración porque Dios nos bendiga y que Su luz ilumine nuestras tinieblas. Pero lo que viene a mi mente es aquel pasaje cuando Pedro y Juan se encontraron con un hombre cojo (*Hechos: 1-10*). El hombre pedía limosna, pero Pedro le dijo: "No tengo plata ni oro, pero lo que tengo te doy: En el nombre de

Jesucristo de Nazaret, levántate y anda". Y el hombre fue sanado.

Yo no soy ni Pedro, ni tengo el don de sanidad, pero lo que tengo, humildemente quisiera dárselos hoy: El nacimiento de Jesucristo tuvo un propósito, que sigue cumpliéndose cada día en aquellos que le buscan de corazón sincero. Él no es un Dios muerto que quedó clavado en la cruz, Él resucitó y con su resurrección venció la muerte. Él está vivo y dispuesto a cumplir su propósito en ti y en mí. Él quiere nacer en tu corazón. Ábrele hoy tu puerta y Él vendrá y cenará contigo, y será en tu vida EL PRÍNCIPE DE PAZ.

El príncipe de paz

*El príncipe
de paz*

*Cecilia
Moros M.*

Reflexiones para Venezuela

Agua fresca en el desierto

Ella era una mujer agobiada por los afanes de la vida, ahogada en sus propios desaciertos y pecados. Había vivido siempre buscando la aprobación de los hombres, sin darse a sí misma la estima y el respeto que cada ser humano se debe tener. Hasta ese día había sacado agua del pozo con un corazón fatigado, una mente confundida y un cuerpo exhausto. Cada vez que iba en busca del agua, su corazón suspiraba, como suspira el alma de alguien que desesperadamente busca ser amado. Hasta ese día sintió que su vida era un desierto; hasta ese día sintió que su alma estaba sedienta.

Embebida en sus pensamientos, mientras repetía la tarea que innumerables veces había realizado, fue sorprendida por las palabras de un hombre desconocido: —"Dame de beber"— Al girar para encontrarse con el rostro de este desconocido, inmediatamente notó que era judío. En su pensamiento se reprochó a sí misma el estar hablando con él, pues por muchos años los judíos y samaritanos no se habían tratado. ¿Quién era este hombre para pedirle a ella de beber? ¿Sería acaso otro más para añadir a su lista de todos los que la habían llenado de halagos y promesas y luego la habían abandonado?

Detuvo sus pensamientos, y como resuelta a terminar rápidamente con esta situación, su respuesta fue directa y con un tono fuerte: "¿Cómo tú, siendo judío, me pides a mí de beber, que soy mujer samaritana?" Pero, lo que ella no sabía era que ese día no se trataba de otro hombre más queriendo conquistar su alma para aprovecharse de su cuerpo. Lo que ella desconocía por completo es que ese era un día totalmente diferente en su vida; un día único, un día en el cual todas las interrogantes de su ser serían respondidas, toda la sed de su alma sería saciada.

El hombre del encuentro era Jesús de Nazaret; y Él conocía la condición de esta mujer, sabía de sus luchas y tristezas, de su sed de ser aprobada y amada; entonces amablemente le contestó: "Si conocieras el don de Dios, y quién es el que te dice: Dame de beber; tú le pedirías, y Él te daría agua viva". Pero ella había vivido suficientes decepciones como para creer en palabras bonitas. Sus pies estaban demasiado apegados a la tierra, en su corazón no había cabida para cosas espirituales. —¿Agua viva? ¿Por qué Él la llamaría de esta manera? —No, este hombre no entiende lo que le digo. Entonces su respuesta fue casi irónica: "Señor, no tienes con qué sacarla, y el pozo es hondo. ¿De dónde, pues, tienes el agua viva? ¿Acaso eres Tú mayor que nuestro padre Jacob, que nos dio este pozo, del cual bebieron él, sus hijos y sus ganados?"

Ella no podía ver más allá de sus circunstancias, como la mayoría de las veces nos sucede en nuestras propias vidas. La salvación había llegado, estaba tan cerca, a su lado. Sin embargo, ella se empeñaba en ver las circunstancias, y en lugar de preguntar sobre esa clase de agua desconocida hasta ese día, ella se concentró en las herramientas y el método que Él usaría para extraer el agua.

Pero Él es paciente y amoroso y sabe que somos limitados cuando se trata de las cosas del espíritu, entonces más amablemente que la primera vez le contestó: "Cualquiera que bebiere de esta agua, volverá a tener sed; mas el que bebiere del agua que yo le daré, no tendrá sed jamás; sino que el agua que yo le daré será en él una fuente de agua que salte para vida eterna".

Agua viva, no volver a tener sed jamás, una fuente, vida eterna; todas estas palabras retumbaron en su mente. Sin saber cómo, sin entender totalmente el significado de ellas, su corazón comenzó a abrirse a esta maravillosa proposición, entonces su boca se abrió, así como su corazón, para decirle: "Señor, dame esa agua, para que no tenga yo sed, ni venga aquí a sacarla".

Lo demás es historia, una historia que trascendió hasta nuestros días para mostrarnos varias cosas: Primero, que en Él no hay acepción de personas. Segundo, que Él conoce nuestros corazones, que Él sabe nuestras vidas. Tercero, que Él nos invita a todos a beber de Su agua viva para saciar nuestra sed.

Hoy más que nunca antes, su invitación está vigente. Es mi deseo convertido en oración que tú y yo podamos vislumbrar que se trata del agua de Dios, la única que puede saciar nuestras almas, y que con un corazón agradecido y humilde vengamos a Él para decirle como aquella mujer samaritana: **"Señor, dame esa agua, para que yo no tenga sed"**. Juan 4:1-39.

Agua fresca en el desierto

*La
samaritana*

*Andrea
Doval F.*

Reflexiones para Venezuela

Y tomó del agua viva

Ella no dudó ni por un instante, ella sabía en lo más profundo de su corazón que las promesas del libro se cumplirían algún día; ella guardaba en secreto la esperanza de su salvación; ella sabía que su Salvador llegaría, que un día todo su desierto se convertiría en un manantial de aguas frescas. Entonces, apenas Jesús de Nazaret terminó de pronunciar sus palabras: "Cualquiera que bebiere de esta agua, volverá a tener sed; mas el que bebiere del agua que yo le daré, no tendrá sed jamás; sino que el agua que yo le daré será en él una fuente de agua que salte para vida eterna". Ella le respondió sin vacilar: "Señor, dame esa agua, para que no tenga yo sed, ni venga aquí a sacarla".

Jesús la miró con la compasión de Dios, se agradó de su petición y le mostró cuánto sabía de su vida y de sus sufrimientos, le mostró cuán importante era ella para él. Entonces, le dijo: "Ve, llama a tu marido, y ven acá". Ella sintió vergüenza, bajó su cabeza y le respondió: "No tengo marido". Entonces, Jesús le dijo: "Bien has dicho: No tengo marido; porque cinco maridos has tenido, y el que ahora tienes no es tu marido; esto has dicho con verdad." A medida que Él hablaba, su corazón saltaba dentro de su pecho. Si, ella estaba nerviosa, un encuentro como este era demasiado extraño, pero al mismo tiempo, demasiado especial. A medida que Él le revelaba la verdad de su vida, en su corazón, su vergüenza iba paulatinamente convirtiéndose en fe: —Si Él sabe mi vida, —El puede ayudarme—. Y con determinación pensó: —Sí, yo quiero tomar de esa agua viva.

Pero la fe tiene sus luchas, en un momento tenemos la certeza de lo que esperamos, la convicción de lo que no vemos, y al siguiente, la duda nos asalta y nos arrebata la esperanza. Entonces, confundida en sus pensamientos, librando la batalla de su mente, le dijo como afirmando, como preguntando: "Señor, me parece que tú eres profeta". Y a continuación comenzó a indagar acerca del verdadero lugar de adoración a Dios. Mientras Jesús la observaba atentamente, y ella sentía que a través de sus ojos Él descubría su alma. Para calmar su corazón agitado, Él pacientemente le explicó acerca de la hora que llegaría, en la cual ni en ese lugar, ni en Jerusalén se adoraría, y del tiempo que ya había llegado: "Mas la hora viene, y ahora es, cuando los verdaderos adoradores adorarán al Padre en espíritu y en verdad; porque también el Padre tales adoradores busca que le adoren. Dios es Espíritu; y los que le adoran, en espíritu y en verdad es necesario que adoren".

Pocas veces Jesús se había dedicado a revelar individualmente la verdad de Dios. Los discípulos se extrañaron mucho al encontrarlo hablando con ella. Realmente era muy afortunada, había sido elegida para mostrar que aunque la salvación viene de los judíos, es para todos los que "adoren a Dios en espíritu y en verdad". Después de todas estas palabras casi estaba segura, y para confirmar lo que creía en su corazón le preguntó: "Sé que ha de venir el Mesías, llamado el Cristo; cuando él venga nos declarará todas las cosas". Y como Él conocía su corazón, así como conoce el nuestro, con toda la bondad de su ser le reveló su identidad: "Yo soy, el que habla contigo". Juan 1:1-39.

En ese instante, los ojos de su corazón fueron abiertos y la luz de Dios la iluminó. Todas las dudas se disiparon, también la angustia fue sustituida por la paz que inundó todo su ser. Su corazón se llenó como una fuente y dejando su cántaro se fue a la ciudad y a todos los que se encontraba en su camino les contaba lo que le había sucedido.

Creo firmemente que de una u otra forma Dios se nos revela a todos. Creo que Él prepara un tiempo en el que se nos muestra y nos llama con todo su amor.

¡No dejemos pasar ese encuentro!

Y tomó del agua viva

*Y tomó del
agua viva*

*Cecilia
Moros M.*

Y el agua sació a muchos

Hay personas que reciben una bendición, que se enteran de una verdad que les trae mucha felicidad y la guardan para sí mismos; pero hay otras personas, como aquella mujer samaritana, que al recibir cualquier dádiva, sea material, emocional o espiritual, dejan todo y salen corriendo a compartirla con aquellos a quienes ama su alma.

Ella había estado hablando con el Maestro y las palabras de Él causaron en ella algo indescriptible: Por una parte, una alegría desmedida en su ser; por otra, una sensación de serenidad, de sosiego, de una paz inentendible. En un instante, había estado agobiada y fatigada sacando agua del pozo, y en otro, había recibido del agua viva para saciar su sediento corazón. ¡Pero ella no guardó la buena nueva solo para sí! Tal era su premura en compartirla, que dejando su preciado cántaro, al lado del pozo, y deseando en su interior que Jesús de Nazaret estuviera todavía allí a su regreso, salió corriendo a decirle a todos en su pueblo, lo que el Señor le había dicho.

Aunque ella ya sabía con certeza que Él era el Cristo; prefería comunicarles un poco más discretamente lo que su corazón creía: "Venid, ved a un hombre que me ha dicho todo cuanto he hecho. ¿No será este el Cristo?" Y aunque esta interrogante les dejaba a todos con cierta duda, su certeza al hablarles era tal que muchos se convencieron de la necesidad de ir a ver a este extraño hombre: "Entonces salieron de la ciudad, y vinieron a él". Ella les transmitió de tal manera su encuentro con Jesús, con tal entusiasmo y sinceridad que muchos creyeron a causa de ella: "Y muchos de los samaritanos de aquella ciudad creyeron en él por la palabra de la mujer".

Pero el compartir una buena noticia es como sacar a un pájaro de una jaula y lanzarlo a los cielos, deja de pertenecernos y es ahora propiedad de todos. Ella les comunicó la buena nueva y ellos se apropiaron de esta con tal fervor que le rogaron a Jesús que se quedara con ellos, y el Maestro siempre acepta nuestra invitación para quedarse "...y se quedó allí dos días". Y no solo se quedó en medio de ellos, sino que compartió con todos las buenas nuevas de salvación y muchos creyeron en Él: "Y creyeron muchos más por la palabra de él". Me imagino que todos querían ofrecerle sus casas, cada uno anhelaba sentarlo a su mesa y brindarle un banquete. Después de todo, fue un banquete espiritual lo que vivió aquella ciudad.

Siempre los grandes acontecimientos de la historia de una familia o de una nación comienzan en la mente de alguien que desea fervientemente traer bien, compartir con todos esa palabra, ese hecho, esa verdad que ha bendecido su vida. La mujer samaritana bebió del agua viva, la degustó, y al ver lo buena que había sido para su alma, fue y les contó a todos sus coterráneos lo dichosa que se sentía de su encuentro personal con Jesús de Nazaret.

Y muchos fueron y tomaron del agua viva, y hubo en abundancia para todos los que quisieron. Entonces, iban a la mujer para corroborar la palabra que ella les había declarado, y le decían: "Ya no creemos solamente por tu dicho, porque nosotros mismos hemos oído, y sabemos que verdaderamente este es el Salvador del mundo, el Cristo". Juan: 4:1-39. Y estas palabras añadían más alegría al corazón de la samaritana.

Como aquella mujer, desde el día que tomé del agua viva, no he cesado de compartir mi bendición. Y hoy, una vez más, la comparto con todos ustedes, mis hermanos venezolanos, a quienes ama mi alma.

"Respondió Jesús y le dijo: **Cualquiera que bebiere de esta agua, volverá a tener sed; mas el que bebiere del agua que yo le daré, no tendrá sed jamás; sino que el agua que yo le daré será en él una fuente de agua que salte para vida eterna**". Juan 4:13-14

Reflexiones para Venezuela

Si tan solo tocare su manto

Otro día más, su cuerpo sintiéndose cada vez más débil, su corazón animado por las buenas nuevas que había escuchado entre sus parientes y amigos. Ese Jesús de Nazaret estaba por allí cerca, todos le habían contado que era un hombre lleno de bondad; que caminaba entre la multitud que le seguía, hablándoles sobre el reino de los cielos. Palabras nuevas para todos ellos, difíciles de entender con la mente pero que de una manera inexplicable les hacían sentir cerca de Dios.

Otro día más, ya habían pasado doce años desde que su cuerpo comenzó a padecer aquel terrible mal que le dejaba con menos fuerzas a cada instante. Pero ella era de esa clase de mujer que no se amilana fácilmente. Ella sabía en el fondo de su corazón que algún día Dios tendría misericordia de ella. Ella lo amaba desde que era una niña; ella no olvidaba ninguno de sus beneficios; ella sabía que de una u otra manera su salvación llegaría. Así que buscaba sin cesar, aferrándose a la vida. Había visitado todos los médicos de su tierra y de todos los pueblos y ciudades adyacentes. Allá, donde le decían que había medicina para su enfermedad, allá iba, siempre con la esperanza en su ser de que encontraría la sanidad para el flujo de sangre que padecía.

Otro día más, esa mañana se levantó no solo con esperanza, sino con una gran emoción que palpitaba en su corazón. Su pueblo había esperado por años la promesa de un Mesías, aquel que vendría a sanar a los enfermos y a vendar el corazón de los quebrantados. Una convicción muy poderosa se apropió de su corazón, este hombre de quien todos hablaban era aquel de quien había escuchado desde niña. Ella era precisamente una de esas personas que necesitaba de su redención; su cuerpo estaba enfermo y su corazón quebrantado. Recordaba las palabras del Salmista: "Él es quien perdona todos mis pecados, quien sana mis dolencias, quien rescata del hoyo mi vida y quien me corona de favores y misericordias". Al recordar estas palabras su corazón brincó dentro de ella, y de repente un pensamiento llenó su mente: —Si tan solo lograra acercarme a Él, si tan solo tocara el borde de su manto recibiría sanidad.

Sin dudar, ni por un instante, con sus desgastadas fuerzas, se fue a buscar a Jesús. Caminaba muy lentamente, y la multitud la lanzaba de un lugar a otro porque su frágil cuerpo no podía oponer resistencia; pero aunque su cuerpo estaba desgastado, su alma era cada vez más fuerte. Esta fuerza de su alma, que se había alimentado de las palabras del libro, la impulsaba a seguir caminando, mientras en su corazón hacía oración a Dios, rogándole que le permitiera llegar cerca de este Jesús y tan solo tocar el borde de su manto. De repente, como propulsada por una fuerza desconocida y al mismo tiempo indescriptible, se encontró cerca de Él, y sutil pero firmemente tocó su manto. Al instante sintió que algo recorría todo su cuerpo y tuvo la certeza absoluta de que estaba sana. Se quedó allí, como paralizada, viviendo ese momento de bendición que había estado buscando durante tantos años, sintiendo una paz muy profunda que inundaba todo su ser. Entonces, la voz del Señor preguntando la hizo temblar: —¿Quién me ha tocado?— Mientras los discípulos y la multitud murmuraban, reprochándole. Pero ella sabía que se trataba de ella; ella sabía que ese poder que Él declaraba que había salido de Él, era el poder que había restaurado su cuerpo. Entonces, con la humildad de un corazón agradecido vino delante de Él y postrándose le dijo: —Yo he sido, Señor—, mientras le declaraba todo lo que había sufrido con aquel flujo de sangre por doce años. Entonces el Señor le dijo: —Hija, tu fe te ha salvado, ve en paz.

Hoy, tanto como en aquel momento en que transcurrió esta historia, el poder de Dios está disponible para todos aquellos que con fe en sus corazones se acerquen a Él, creyendo, con la convicción de que Él es galardonador de los que le buscan. Es mi esperanza y mi deseo que cada uno se acerque confiadamente como esta mujer, y que todos podamos recibir de su corazón sanidad para nuestros cuerpos y nuestras almas.

"Es, pues, la fe la certeza de la que se espera, la convicción de lo que se ve". Hebreos 11:1.

Reflexiones para Venezuela

Su amor sobrepasa todo entendimiento

Sentada en mi biblioteca meditando sobre el tiempo que de una u otra manera conmemoramos todos los cristianos en el mundo entero, pienso en el verdadero significado de estos días santos. Inesperadamente, sin saber cómo, de repente un sentimiento maravilloso me embarga y me conmuevo; es indescriptible, maravilloso. Siento que mi corazón rebosa de gozo y al mismo tiempo me siento como si estuviera triste, incapaz de expresar este sentir tan profundo.

Pienso y pienso, por qué estoy llorando, por qué esta conmoción tan grande y solo una respuesta llena mi mente: ¡El amor de Dios! Si, esa es la razón que conmueve mi corazón y esa es la razón de la conmemoración de estos días. Aunque muchos lo hayan olvidado, el verdadero significado de estos días representa el corazón de toda la cristiandad: La pasión, muerte y resurrección de Jesucristo.

Sin la muerte y la resurrección de Jesucristo no existiría este tiempo, no habría cristianos en el mundo, no tendríamos esperanza, ni alegría, ni la necesidad de unas vidas que trasciendan. Jesús vino a este mundo a un pueblo que era su pueblo amado y escogido. Durante muchos años ellos lo habían esperado, pero cuando llegó no le reconocieron: "Vino a su propia casa y los suyos no le conocieron". Juan 1:11.

Otros, que fueron antes de nosotros le reconocieron y creyeron en Él, entonces "Él les dio la capacidad de ser hijos de Dios" Juan 1:12. Estos sufrieron persecución y aun muerte por creer en su nombre. Esparcieron su evangelio en el mundo, a los que creyeron les formaron como discípulos y les enseñaron todas las cosas en las que habían sido enseñados por Él. Hubo desviaciones y grandes luchas, pero a pesar de todo esto el cristianismo se extendió desde Judea hasta el mundo entero; desde el seno de un grupo de sencillos pescadores hasta hombres y mujeres de todas las naciones, de todas las razas y de todos los pensamientos.

¡Esa es la razón de esta Semana Santa en nuestro calendario! Una razón de amor, de puro amor; porque estando todos nosotros en pecado, alejados de Dios, viviendo una vida sin esperanza, Dios envió a su hijo Jesucristo para que nos entregara en la cruz su corazón y habiendo muerto y resucitado nos levantara a la vida eterna. Ya no hacen falta más sacrificios. ¡Él es el cordero de Dios que quita el pecado del mundo!

Aunque a muchos les suene como algo irreal, si te denominas a ti mismo (a) como cristiano; si el fundamento de tu fe es Jesucristo, entonces este es tu tiempo, el tiempo de tu alegría y consolación porque Jesucristo te amó tanto que murió por ti, y por mí, en la cruz. Esta es la historia del amor más maravilloso: De un amor universal porque su llamado es para todos sin excepción y al mismo tiempo un amor individual porque nos llama a cada uno de manera particular: "Porque de tal manera amó Dios al mundo que entregó a su único hijo para que todo aquel que en Él crea no se pierda más tenga vida eterna". Juan 3:16.

Porque Él resucitó tenemos esperanza en una vida eterna a su lado y contamos con la fuerza que le levantó de la muerte para caminar en este mundo de acuerdo a los deseos de su corazón expresados en su palabra, la Biblia, esparciendo su luz y su amor a donde quiera que Él nos lleve.

Le dijo Jesus: **"Yo soy la resurección y la vida; el que cree en mí, aunque esté muerto vivirá"**. Juan 11:25-

Su amor sobrepasa todo entendimiento

La Pascua

Cecilia
Moros M.

Rosalía Moros de Borregales

Sorprendidos por lo inesperado

Son innumerables las enseñanzas que podemos encontrar en la Biblia. Para nosotros los cristianos, la Palabra de Dios; para otros una gran obra de la literatura, y para muchos tan solo un extraño libro que cuenta historias extrañas. De cualquier manera que la valoremos la Biblia está llena de relatos impregnados de la naturaleza del hombre, de su condición alejado de Dios, y de todas sus posibilidades cuando tiene la humildad de saberse limitado ante su creador.

Permítanme llevarlos al contexto del título de esta reflexión. El rey Belsasar, había heredado el reino de su padre, el rey Nabucodonosor de Babilonia. Su padre se había ensoberbecido en el poder de su reino; pero Dios le había revelado en sueños lo que le acontecería (Daniel 4). Entonces Nabucodonosor proclamó el nombre de Dios y fue librado. Es este reino transformado el que heredó Belsasar, pero después de un poco de tiempo, embriagado por el poder de la grandeza de su reino, comienza a vivir de acuerdo a las pasiones de su carne y sus acciones son dirigidas por su soberbia, llegando incluso a profanar los utensilios del templo (Daniel 5:3).

Un buen día, estando Belsasar con sus principales, con sus mujeres y concubinas en una gran fiesta, aparecieron estas palabras escritas en la pared del recinto: "**Mene, Mene, Tekel, Uparsin**". Turbado, Belsasar busca la interpretación en medio de sus magos, astrólogos y adivinos, quienes no pueden dársela; pero la reina, inspirada por un remanente de cordura, le recuerda de Daniel, quien había interpretado los sueños de su padre Nabucodonosor (Daniel 5:8-10). Entonces Daniel fue llamado a la corte del rey, y le fueron ofrecidos dones y recompensas a cambio de la interpretación de las palabras escritas en la pared.

Daniel responde en la integridad de su corazón: "Sean tus dones para ti, da tus recompensas a otros. Leeré la escritura al rey y le daré su interpretación". (Daniel 5: 14-18). Daniel le habla a Belsasar con la verdad, le recuerda del enaltecimiento de su padre: "A quien le placía mataba…, engrandecía a quien le placía y a quien le placía humillaba. Pero un buen día después de que su corazón se ensoberbeció y su espíritu se endureció en su orgullo, fue depuesto del trono de su reino, y despojado de su gloria (Daniel 5: 20-21). Y más aun, Daniel le habla con la verdad sobre su propio enaltecimiento: "Pero tú, su hijo, Belsasar, no has humillado tu corazón…, sino que contra el Señor de los Cielos te has ensoberbecido…tú y tus grandes… Nunca honraste al Dios en cuya mano está tu vida" (Daniel 5:22-24).

Muchos hombres viven cada vez más una vida llena de apariencias, maquillan su propia verdad con la mentira, tratando de engañar a quienes les rodean, y ciertamente, encontrando receptividad a su discurso. Pero no se puede engañar a todo el mundo todo el tiempo, porque más temprano que tarde las verdades afloran por medio de los cambios de las circunstancias. Hombres a quienes el pueblo les ha dado poder y se sienten demasiado grandes para detenerse a pensar que por más grandes y poderosos que se sientan, nunca han tenido, ni tendrán el poder absoluto, porque siempre, de alguna manera, como todos, podrán ser sorprendidos por lo inesperado.

Creamos o no creamos en Dios, le creamos o no le creamos a Él, le demos en nuestros corazones un lugar, o nos jactemos de nosotros mismos; de cualquier lado que estemos, igual siempre podremos ser sorprendidos por lo inesperado. Belsasar se sintió grande, y vivió la temporalidad de su reino como si fuera lo definitivo. Olvidó que la Tierra gira y que un día podemos estar arriba y reír, y mañana cuando lo inesperado toque nuestras vidas, podríamos estar abajo y llorar.

Vivimos en un país que ha sido sorprendido por lo inesperado en muchos aspectos; en donde la tragedia nos ha tocado sorpresivamente; sin embargo, al contrario de mostrar una actitud humilde y conciliadora nuestros gobernantes mantienen una actitud de soberbia, como si el poder temporal de su autoridad los hubiera hecho olvidar la fragilidad de ellos mismos, de la misma manera que le sucedió a Belsasar.

Podrán pretender ser dueños y amos absolutos, pero no podrán evitar el día, ni controlar la mano que escribe inexorablemente una sentencia sobre la vida de cada hombre, así como la escribió sobre la vida de Belsasar.

Esta fue la interpretación que Dios reveló a Daniel: **"MENE, MENE: Contó Dios tu reino y le**

Sorprendidos por lo inesperado

ha puesto fin. TEKEL: Pesado has sido en balanza y hallado falto. UPARSIN: Tu reino ha sido roto y dado a los medos y a los persas". (Daniel 5: 24-27).

Sorprendidos por lo inesperado…

La mano que escribe una sentencia

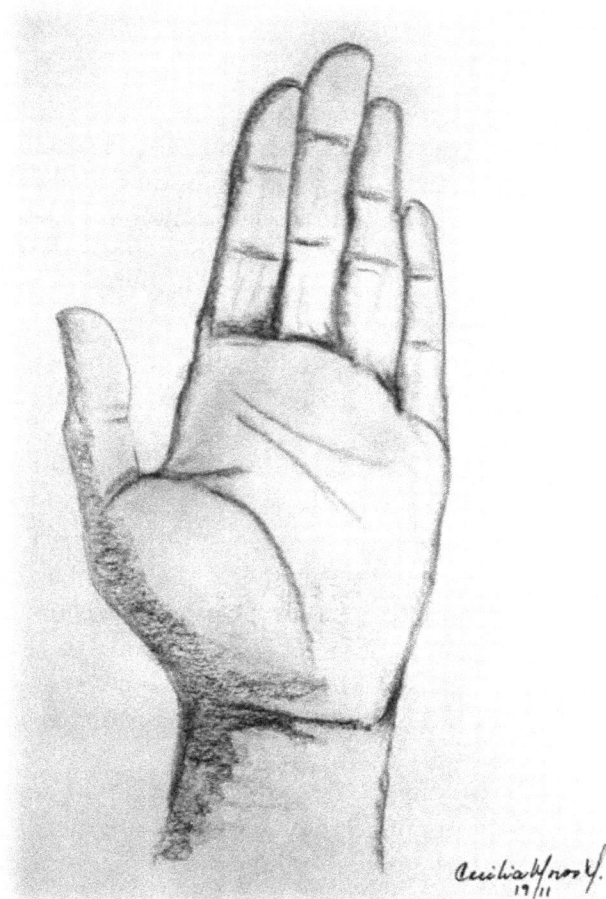

Cecilia Moros M.

Reflexiones para Venezuela

Restaurando los muros

En la antigüedad las ciudades estaban rodeadas de muros, con la finalidad de ser protegidas de los enemigos; en esos muros se encontraban las atalayas o torres desde las cuales los vigilantes podían atisbar cualquier cambio en el horizonte, y de esta manera dar aviso a las autoridades para tomar las decisiones necesarias a fin de hacer frente a la situación presentada. Cuando un muro o parte de este era derribado o sufría cualquier cambio a consecuencia de los enfrentamientos era reparado de inmediato, puesto que suponía, para la época, la seguridad de la ciudad.

Gracias a la evolución del pensamiento del hombre, al respeto a los pueblos y a las libertades conquistadas, esos muros fueron desapareciendo y las fronteras se convirtieron sencillamente en delimitaciones trazadas en los mapas. Sin embargo, aunque no existen las paredes físicas, sí existen esas murallas que no se ven, pero que están formadas por un conjunto de sentimientos, valores y principios que constituyen la moral de una nación.

En nuestra amada Venezuela los muros se encuentran derribados, solo que esta vez no tuvimos un enemigo foráneo que se ensañó contra nosotros, sino que de nuestra propia tierra surgieron los detractores, que sembrando el odio más férreo han herido a la madre patria. Han utilizado el arma más letal para el alma del hombre, la cual tiene una característica de peste o enfermedad contagiosa, pues fácilmente se disemina, y poco a poco va convirtiendo al corazón de todos en el mismo pozo de amargura, incapacitándolo para vencer al mal con el bien.

En la Biblia se relata la historia de un hombre llamado Nehemías quien al enterarse de que el muro de Jerusalén estaba en ruinas y sus puertas destruidas por el fuego, lloró y clamó a Dios pidiéndole perdón por los pecados de los Israelitas y por los propios, al mismo tiempo que le pidió le concediera éxito para la tarea de restauración del muro. (Nehemías 1). Luego se fue a su pueblo y alentó a sus hermanos a levantarse de la depresión y a reedificar. Por supuesto, fue despreciado por algunos, los cuales opusieron resistencia; pero él no se dejó amedrentar y confió en su Dios quien desbarató el plan de los enemigos; mientras él reunía a los que estaban dispuestos y repartió el trabajo para la reedificación del muro.

En el proceso, Nehemías no solo tuvo que tomar precaución contra las maquinaciones de sus adversarios, sino también tuvo que exhortar a sus coterráneos a la unidad y a rectificar caminos torcidos. No fue una tarea fácil, pero él se mantuvo en la oración: —"Acuérdate de mí para bien, Dios mío" —"Ahora, Dios mío, fortalece mis manos". —Y también, dándole ánimo al pueblo: —"Venid y reconstruyamos el muro para que ya no seamos objeto de deshonra". —"El Dios de los cielos nos prosperará, y nosotros sus siervos nos levantaremos y edificaremos".— (Nehemías 3 y 4).

Si cada uno de nosotros permanece en su obstinada actitud alejado de Dios, nuestros corazones se endurecerán aún más y nuestra tierra será como un desierto lleno de rocas. Es hora de que los venezolanos invoquemos el nombre de Dios sobre nuestra nación. Es hora de pedir perdón y enmendar los caminos torcidos. El tiempo del quebrantamiento ha llegado, pero no el de la tristeza que paraliza y destruye, sino el del arrepentimiento personal que nos lleva a Dios, y el del necesario clamor que cada uno está en el deber de hacer por nuestra patria. ¡Vamos a levantarnos a restaurar nuestros muros!

"La alabanza a Dios es un espíritu quebrantado, Él no despreciará a un corazón contrito y humillado" Salmo 51:17.

Reflexiones para Venezuela

¿Qué quieres que te haga?

Vivimos en un mundo lleno de situaciones que nos hacen pensar y cambiar constantemente nuestros deseos. Un día pareciera que estamos seguros de lo que queremos y al día siguiente es como si lo que anhelamos se hubiera desvanecido mientras dormimos. En otras ocasiones cuando anhelamos algo y lo logramos, por un poco de tiempo nos sentimos llenos, pero pronto nos embarga una sensación de vacío, hasta el punto que muchas veces nos sentimos como si realmente no hubiéramos logrado nada. ¡Pareciera que nuestras almas son insaciables!

Vamos por un camino en el cual se nos ofrece una gran diversidad de experiencias atractivas, las cuales prometen hacernos mejores, tanto física como emocional y a veces intelectualmente. Es como una escalera con un número incontable de escalones. Cuando vas en uno, eres forzado al siguiente, y así sucesivamente sin que sepas donde termina. Solo, que muchas veces esta escalera no va en ascenso sino en descenso.

Desafortunadamente, muchos nunca se hacen conscientes de esta caída lenta, sino hasta que ya están demasiado hundidos para levantarse por sí mismos. Otros jamás notan que han caído, es su estado natural. Y aun, hay quienes con mejor discernimiento, van en busca de algo que los sacie, que los haga felices, pero de una felicidad duradera, para pronto encontrar que el vacío es lo único que llena sus vidas.

¿Realmente, sabemos qué es lo que queremos? ¿Sabemos acaso dónde está la fuente de provisión de nuestros deseos y anhelos más profundos? ¿Sabemos dónde encontrar ese preciado tesoro que no hallamos en el mundo? ¿Sabemos cómo encontrarlo? ¿Sabemos a quién tenemos que acudir en busca de él?

Hay un pasaje en la Biblia que nos relata la historia de un hombre ciego llamado Bartimeo (Marcos 10:46-52). Dice la Biblia que este hombre estaba sentado junto al camino mendigando. Suponemos que en sus oscuros andares había escuchado de Jesús, pues al oír que la multitud era a causa de Él (Jesús), comenzó a gritar: ¡Jesús, hijo de David, ten misericordia de mí! Muchos de los que estaban allí, intentaron callarlo, pero Bartimeo gritaba mucho más fuerte: ¡Jesús, hijo de David, ten misericordia de mí!

Entonces Jesús al escucharlo, se detuvo y mandó a que lo trajeran a él, y alguno de los que estaban allí, lo tomó y le dijo: ¡Ten confianza! ¡Jesús te llama! Vino pues Bartimeo ante Jesús, y Jesús le preguntó: ¿Qué quieres que te haga? Entonces Bartimeo, absolutamente seguro de lo que quería, le respondió: Maestro, que recobre la vista. Y Jesús le dijo. ¡Vete, tu fe te ha salvado! La historia termina diciendo que al instante recobró la vista y seguía a Jesús por el camino.

Creo firmemente que tú y yo podemos ser ese Bartimeo, quizá no necesitamos recobrar nuestra vista física. ¿Pero estamos viendo con los ojos de nuestra alma? ¿O acaso nuestra vista esta nublada? Bartimeo, sabía claramente cuál era su necesidad, y cuando pidió del Señor misericordia, sabía exactamente que era lo que quería. Cuando Jesús le preguntó: ¿Qué quieres que te haga? Bartimeo respondió sin vacilar: Maestro, que recobre la vista. Maravillosamente, él tuvo lo que quería, porque él sabía lo que quería y sabía a quien pedírselo. Él sabía quien era la fuente, y cuando la encontró no dejó pasar esa oportunidad, y desde el fondo de su ser lo gritó y lo pidió.

La Biblia nos dice que el reino de los cielos lo arrebatan los valientes. Y vaya que fue valiente este hombre llamado Bartimeo. Se imaginan todo el esfuerzo que tuvo que haber hecho para ser tomado en cuenta en un lugar donde había una multitud y él estaba mendigando. Seguramente, Bartimeo ya estaba acostumbrado a ser rechazado, pero sin embargo, como sabía que se trataba de Jesús, y sabía que Jesús era la fuente, entonces no dejó pasar su oportunidad.

Pienso y creo que Dios es un Padre que siempre nos espera con los brazos abiertos. Pienso que vivimos tiempos difíciles, no solo en nuestra nación, sino en el mundo entero. Pero son tiempos en los cuales el llamado de Dios está vigente. Solo aquellos quienes tengan la valentía de reconocer en Dios la fuente que saciará la sed de sus almas insatisfechas, no dejarán pasar la oportunidad. Solo aquellos quienes saben que teniendo a Dios lo tienen todo y que sin Él no tienen nada, lo buscarán entre la

¿Qué quieres que te haga?

multitud, para oir su voz que nos pregunta hoy, como le preguntó a Bartimeo: **¿Qué quieres que te haga? Ojalá que tú y yo no vacilemos en contestar: ¡Maestro, que recuperemos la vista!**

*Los ojos
del alma*

*Andrea
Doval F.*

Reflexiones para Venezuela

En tu nombre echaré la red

Hay momentos en nuestras vidas cuando todos nuestros esfuerzos parecieran infructuosos. Mientras más empeño ponemos, menos logramos lo que queremos. Son tiempos difíciles, en los cuales la luz no se ve, a lo lejos, en el horizonte. Solo soledad, cansancio y mucha confusión nos rodean.

Sin embargo, sí hay una luz, aunque nuestros ojos no puedan discernirla. Siempre está disponible, a veces se nos presenta en el momento más oscuro de nuestra noche. Allí, cuando nos sentimos sin fuerzas, totalmente desolados. Cuando aun el peso de nuestros propios cuerpos se nos hace casi imposible de llevar. Entonces, es en ese momento cumbre de nuestra debilidad, en esas circunstancias menos esperadas, cuando viene a nosotros. Algunos la reconocemos y le permitimos que nos ilumine la vida; otros, acostumbrados a las tinieblas, cierran sus ojos y no se dejan guiar.

Es como si el hombre en su lucha por ganar espacios, por adquirir fama, dinero y poder, se ensoberbece de tal manera que se erige a sí mismo como su propia luz. Como dueño y señor de su vida. Como el invencible, el que todo lo puede, el que no necesita de nadie más. Pero, la Tierra gira más allá de nuestras conciencias, y el sol sale cada mañana brindándole su luz a un nuevo día en un lado del planeta, mientras del otro lado, la noche cubre con su manto de oscuridad. Y así, seguimos girando; en un instante estamos a plena abundancia de luz, y en otro estamos bajo el manto de la oscuridad.

Nunca sabemos cuándo será nuestro turno. Pero, si pensáramos sensatamente, nos daríamos cuenta que todo es cuestión de tiempo. Pues, la Biblia dice que el hombre es tan vulnerable como la flor del campo, la cual en la mañana muestra su esplendor y en la tarde ya está marchita. Lo único que puede permitirnos vivir plenamente la luz del día en nuestras vidas, y más aun, capacitarnos para poder ver las estrellas en medio de la oscuridad es una virtud olvidada por muchos. Claro, porque ella es muy modesta, no se envanece, ni hace alardes de su belleza, es sencilla y pura, su nombre es: humildad.

La humildad fue la virtud que mostraron los discípulos del Señor Jesucristo cuando salieron a pescar una noche, y después de trabajar arduamente, no pescaron nada. Entonces, ya cuando iba amaneciendo se presentó Jesús en la playa y Él les dijo:
—Hijitos ¿Tienen algo de comer?— A lo que ellos respondieron: ¡No! Entonces el Señor les dijo: —Echad la red a la derecha de la barca y hallaréis—. Por lo que ellos la echaron, como Él les había dicho, y ya no podían sacarla, por la gran cantidad de peces. Juan 21: 1-14.

Si, a pesar de que eran hábiles pescadores, hombres de mar, acostumbrados a esas faenas, no tuvieron la menor duda en hacer lo que el Señor les estaba indicando. Lo hicieron, y para su sorpresa e inmensa alegría allí estaban los peces, tantos que no podían con sus propias fuerzas sacar la red, debido a la abundancia de ellos. Entonces, todo el cansancio de la noche, se convirtió en regocijo; bajo la dirección del Señor su faena se convirtió en bendición. Y como si fuera poco, cuenta esta historia bíblica, que el Señor les preparó el desayuno el mismo.

Pienso y creo, que al igual que a los discípulos, el Señor quiere señalarte el camino, indicarte la siguiente acción que debes emprender. ¡Él quiere bendecirte la vida! Te invito a que humildemente lo busques en oración diciéndole: **¡Señor, en tu nombre echaré la red!** Te aseguro que abrirá sus manos y su corazón para llenarte con sus muchas bendiciones e iluminar tu vida.

En tu nombre echaré la red

En tu nombre echaré la red

Cecilia Moros M.

En tu nombre echaré la red

Rosalía Moros de Borregales

Reflexiones para Venezuela

La tormenta

Tradicionalmente nos hemos identificado como una nación que profesa la fe cristiana. Por esta razón, sabiendo que todos aquellos que se denominan a sí mismos como cristianos deben conocer lo que dicen las Sagradas Escrituras, quisiera compartir con ustedes una particular lección de fe. Para los que no profesan la fe cristiana, les invito a que piensen en su único Dios; después de todo nos hemos caracterizado por ser una nación monoteísta.

Dice la Biblia que después de haber dado de comer a unos cinco mil hombres, tan solo con cinco panes y dos peces, Jesús envío a sus discípulos en la barca a la otra ribera, entretanto que él despedía a la multitud. Luego subió al monte a orar; y cuando llegó la noche hubo una gran tormenta, y la barca era azotada por las olas… Entonces Jesús fue a ellos andando sobre el mar. Pero los discípulos al verlo se estremecieron de temor y pensaron que era un fantasma. Entonces, Jesús, sabiendo cuáles eran sus pensamientos les dijo: ¡Soy yo, no tengan miedo! Entonces Pedro le respondió: Señor, si eres tú manda que yo vaya a ti sobre las aguas, y Jesús le contestó: Ven. Descendió pues Pedro de la barca y caminó sobre las aguas para ir a Jesús. Pero al ver el fuerte viento tuvo miedo y comenzó a hundirse. Entonces gritó: ¡Sálvame Señor! Al momento Jesús extendiendo la mano lo sostuvo

La tormenta

y le dijo: ¡Hombre de poca fe! ¿Por qué dudaste? Luego, dice el evangelio que ambos subieron a la barca. (Mateo 14:22-32*)*

Al leer esta maravillosa historia, pienso que cada uno de nosotros podríamos ser protagonistas de ella. De hecho, pienso que como nación, podemos todos ser protagonistas. Estamos viviendo en tiempos de tormentas, donde los vientos soplan fuerte en contra de nosotros, y parece que todo se estremeciera, casi para derribarse, como si Dios nos hubiera olvidado, como si la noche fuera demasiado larga para ver la luz.

Estamos todos montados en esta barca, en este país al cual amamos, en donde nacimos y crecimos; trabajamos y queremos levantar a nuestras familias. Pero hace falta alguien en la barca, hace falta la voz que dice: ¡Soy yo, no teman! Hace falta la fe de Pedro para caminar sobre las aguas de la tormenta. Si, a pesar de que Jesús lo llamó hombre de poca fe, fue el único que vivió esa maravillosa experiencia, y el único que cuando tuvo miedo exclamó desde lo más profundo de su alma: ¡Señor, sálvame!

Individualmente, y como nación necesitamos decidirnos a caminar hacia Dios. Necesitamos dar el primer paso de fe, poniendo nuestros ojos en Él, sabiendo que Él, al igual que hizo con Pedro, ciertamente extenderá su mano y nos sostendrá, y más aun se montará con nosotros en la barca y calmará la tormenta. **"Encomienda al Señor tu camino, confía en Él y Él hará. Exhibirá tu justicia como la luz y tu derecho como el mediodía"**. (Salmo 37:5-6)

Reflexiones para Venezuela

Cecilia Moros M.

Señor, salva a Venezuela

Caracas 2011

Reflexiones para Venezuela

En el foso de los leones

Dice la historia bíblica que Daniel fue encontrado por el rey Darío como un hombre de un espíritu superior, al cual el rey pensó en ponerlo sobre todo el reino (Daniel 6:3). Este pensamiento del rey se tradujo en asignar a Daniel a un puesto de autoridad en su reinado. Pero como la envidia es abundante en aquellos de alma mediocre, cuenta la historia que los sátrapas buscaban ocasión para acusar a Daniel en lo relacionado con el reino; pero no pudiendo hallar ninguna falta en él, entonces planearon acusarlo en relación a su fe en Dios. Se presentaron ante el rey y le aconsejaron que promulgara una ley en la cual ningún hombre podría hacer ningún tipo de petición ni a persona alguna, ni a ningún dios fuera del rey; en caso contrario sería echado al foso de los leones... El rey entonces firmó la ley y la selló. (Daniel 6:7-8)

Cuando Daniel supo que el nuevo edicto había sido firmado, se fue a su habitación y abrió sus ventanas hacia Jerusalén, y sin temor alguno ante la ley promulgada, se arrodillaba y oraba tres veces al día. Pero aquellos que maquinaban la maldad, usaron su posición de poder para cumplir sus propios deseos; y juntándose hallaron a Daniel orando y rogando en presencia de su Dios (Daniel 6:10-11). Entonces fueron ante el rey

En el foso de los leones

acusando a Daniel, y dice la Palabra de Dios que al rey le pesó y trabajó hasta el amanecer tratando de librarlo (Daniel 6:14), pero en su afán de acabar con aquel que tenía la gracia de Dios y gracia ante los ojos del rey, los sátrapas lo rodearon, al rey, y lo forzaron a cumplir… ¡El rey estaba atrapado en su propia ley! Entonces trajeron a Daniel y el rey le dijo: "El Dios tuyo, a quien tu sirves, él te libre" (Daniel 6:16). Y seguidamente echaron a Daniel en el foso con los leones; y el rey se fue a su palacio, no pudo comer, ni conciliar el sueño.

A la mañana siguiente fue a ver que había pasado con Daniel, y al llamarlo, recibió respuesta: "Mi Dios envió su ángel, el cual cerró la boca de los leones para que no me hicieran daño, porque ante él fui hallado inocente; y aun delante de ti, oh rey, yo no he hecho nada malo" (Daniel 6:21). Sacaron pues a Daniel del foso, y para sorpresa de todos "ninguna lesión fue encontrada en él porque había confiado en su Dios" (Daniel 6:23). Luego el rey mandó que a todos aquellos quienes acusaban a Daniel, fueran echados al foso de los leones, y aún no habían llegado al fondo, cuando ya los leones habían quebrado sus huesos (Daniel 6:24). La historia termina con una alabanza del rey al Dios de Daniel (Daniel 6:25-27).

Más allá de lo increíble de esta historia, más allá del hecho de que Daniel fue salvado de haber sido devorado por los leones. Pensemos que en ella hay muchas enseñanzas que aprender; pensemos que cuando un ser humano es íntegro en su proceder, cuando es fiel a Dios, cuando sus principios rigen su vida, no hay nada, ni nadie que pueda contra él. Y que aun si le quitaran la vida, jamás podrían quitarle la dignidad de la cual carecen aquellos que la menosprecian. Aquellos que tienden trampas, que cambian reglamentos, que aprueban nuevas leyes que se adapten a sus pretensiones de maldad, que persiguen a seres inocentes, que usan el poder de su posición para robar, matar y destruir.

Pensemos también que en los momentos más difíciles de nuestras vidas, como individuos, como familias, como nación, son los momentos en los cuales debemos echar mano de nuestra fe, en los cuales debemos ser valientes y continuar proclamando el nombre de Dios. Momentos en los que la oración debe ser nuestra arma más preciada, porque como me dijo mi hermano en estos días:

"El que se arrodilla delante de Dios puede pararse delante de cualquier hombre"
Francisco Javier Moros M.

Reflexiones para Venezuela

Lo poco es mucho en las manos de Dios

Muchas veces nos sentimos vacíos y sin fuerzas; sentimos que es muy poco lo que podemos hacer en determinadas situaciones. Somos humanos y por naturaleza limitados, pero en nuestro afán diario, tratando de llenar todos los espacios, de repente nos encontramos con las manos vacías y el corazón desolado.

Confiamos en nuestras limitadas fuerzas y nos apoyamos en nuestros propios criterios. Vivimos lo momentáneo como si fuera lo definitivo. Vemos la vida a través de un agujero, alejándonos de la ventana inmensa que está frente a nosotros, pero que no podemos ver porque estamos demasiado ocupados.

Cuenta la Biblia que Jesús se fue con sus discípulos a un lugar llamado Betsaida; entonces mucha gente los siguió y Jesús los recibió y hablaba con ellos. Al declinar el día, los discípulos preocupados le dijeron a Jesús que enviara a la gente a las aldeas porque allí no había recursos para alimentar a tantos.

Ellos estaban confiando en lo que sus ojos podían ver. Ellos estaban viendo solo a través de un pequeño agujero en la ventana. Estaban con el Maestro y sin embargo se apoyaban solo en sus propias fuerzas, contaban solo con sus propios recursos, los cuales, en esta situación, eran verdaderamente escasos.

El Señor, probando sus corazones, les contestó: "Dadle vosotros de comer". A lo que ellos respondieron: "No tenemos más que cinco panes y dos peces, a no ser que vayamos nosotros a comprar alimentos para esta multitud" (Lucas 9:10-15). Más tarde, Él les dio instrucciones para que ordenaran a las personas en grupos de cincuenta, y tomando lo que los discípulos tenían, los cinco panes y los dos peces, levantó los ojos al cielo, los bendijo, los partió y los dio a sus discípulos para que los pusieran delante de la gente. ¡Entonces comieron todos, se saciaron y aun sobraron doce cestas!

Muchas personas suponen que Dios es algo así como una suerte de mago que hace aparecer y desaparecer cosas en un abrir y cerrar de ojos. Mejor dicho aun, quisieran que Dios actuara de esta manera; algo así como "hechizada" que con tan solo mover la nariz cambiará personas y circunstancias a nuestra conveniencia, pero Dios no actúa de esta forma, Él actúa en el hombre y por el hombre.

Todas las circunstancias de nuestras vidas están diseñadas para formar en nosotros ese carácter cristiano del cual tanto carece el mundo actual. Cada momento que vivimos puede ser utilizado por Dios para multiplicar en nosotros sus bendiciones. Los discípulos pensaron que no tenían nada, por eso sugirieron a Jesús que enviara a la multitud a las aldeas cercanas; luego se dieron cuenta de que tenían cinco panes y dos peces, y le dijeron al Señor que no era suficiente. Pero el Señor, en su maravilloso amor por sus discípulos, tomó sus limitados recursos y miró al Cielo, y los bendijo. Entonces ellos fueron testigos de una multiplicación maravillosa. Le sirvieron a la multitud y todos se saciaron. Hubo de sobra.

Querido amigo, esta es la forma como Dios actúa. Él obra en ti y a través de ti. Él usa lo poco que tienes y lo convierte en mucho. Él bendice nuestros gastados instrumentos para tocar con ellos la más dulce melodía. Aun cuando pienses que ni siquiera tienes los cinco panes y los dos peces, siempre tienes algo que poner delante de Dios: tu vida, tu fe, tu amor, tus anhelos de amarlo y de hacer su voluntad. Cuando creas que no tienes nada que poner delante de Él, siempre tienes tu corazón para venir a Él y rendirlo en sus manos.

Recuerda siempre que lo poco viene a ser mucho en las manos de Dios.

Lo poco es mucho en las manos de Dios

La abundancia de Dios

Reflexiones para Venezuela

Nuestro refugio

Algunas personas me han preguntado por qué mis artículos están siempre basados en la Biblia y tienen un mensaje cristiano. Les respondo que aunque la Biblia nos parece un libro viejo, complicado y hasta muy difícil de entender, está más vigente que nunca. Porque en esencia la Biblia trata de la naturaleza humana, la cual ha sido y será la misma siempre, solo con algunos cambios en los escenarios históricos. Entonces escribo porque creo en la vigencia de las palabras de este libro y porque la fe cristiana es el centro de la vida de mi familia. Escribo para compartir con todos aquellos a quienes amo a través de todos los vínculos: filiales, de la fe y de la patria. Escribo para todos y con el profundo deseo de servir como un instrumento de la paz y el amor de Dios.

Hoy quisiera compartir con ustedes una carta que recibí de mi hermano Eduardo, así pues que le doy a él la autoría de este artículo, solo haré la labor de trabajar en la composición de sus palabras. Eduardo comienza diciendo: "Qué Dios les multiplique gracia y paz en el conocimiento de nuestro Señor Jesucristo". Hoy nuestra oración a Dios es que su gracia y su paz abunden en el corazón de cada uno de los venezolanos. Amén

Además, Eduardo titula su mensaje: **¿Huye al monte, como las aves?** Un cuestionamiento que hace el rey David a quienes dan como solución huir: "En el Señor he puesto mi refugio; ¿cómo dicen a mi alma: Huye cual pájaro, hacia el monte, porque los malos tensan su arco y ajustan sus flechas a la cuerda para herir en la oscuridad a los rectos de corazón?". Salmo 11:1-2. Hemos puesto a nuestro Señor como nuestro refugio, no nos digan ahora que la solución es escapar, sin consuelo y sin esperanza.

El autor de este Salmo, el rey David, cuya vida estuvo llena de valiosas enseñanzas para todos los tiempos, especialmente para los difíciles, continúa el Salmo diciendo: "Cuando los fundamentos (de la Sociedad) son destruidos, ¿qué puede hacer el justo?" Salmo 11:3. Lo más probable es que David se refirió aquí al mandato corrupto y violento del Rey Saúl, quien por envidia trató por largo tiempo de matar a David. Durante todo este tiempo David estuvo con sus hombres tratando de esquivar a Saúl, y aunque tuvo varias oportunidades de apresarlo y tomar su vida, nunca se atrevió a derramar la sangre de un rey de su pueblo.

Sin embargo, el hecho de que David reconociera en Saúl su posición de rey, no quita lo doloroso que tuvo que haber sido para él ver como Israel se desintegraba moralmente. Saúl mató a muchos de los sacerdotes (levitas) e hizo persecución a los profetas. La fibra de esta gran nación (sus fundamentos) estaba siendo destruida gradualmente por un rey vil, a quien solo le importaba mantener su poder a todo costo, antes que edificar y fortalecer a su pueblo haciendo lo justo.

La pregunta de David es muy apropiada en estos momentos en los cuales en muchas partes del mundo hombres violentos acaparan el poder a través de cualquier medio:

"Cuando los fundamentos (de la Sociedad) son destruidos, ¿qué puede hacer el justo?" Salmo 11:3. ¿Qué pueden hacer aquellos quienes realmente anhelan la justicia, en estas situaciones tan difíciles y deprimentes? David nos da la respuesta en el mismo Salmo 11.

Primero, tomemos aliento ya que Dios sigue siendo soberano: "El Señor está en su santo templo, en los cielos tiene el Señor su trono". Salmo 11:4ª. **Segundo, a Dios no se le escapa nada:** "Atentamente observa al ser humano; con sus propios ojos lo examina" Salmo 11:4b. **Tercero, persevera haciendo el bien**: "Dios prueba a los justos, pero a los que aman la violencia los repudia, y estos recibirán las consecuencias de sus actos". Salmo 11:6. **Finalmente, los íntegros recibirán recompensa de Dios:** "Porque el Señor es justo y ama la justicia; por eso los íntegros contemplarán su rostro". Salmo 11:7.

Sabían que David compuso el Salmo 23, ese tan famoso que tiene esa maravillosa frase que dice: "Aunque ande en valles de sombra de muerte, no temeré mal alguno porque tú Señor estarás conmigo". ¿Cómo pudo un hombre sometido a semejante persecución, escribir tal cosa? Bueno, pudo porque sus ojos no estaban puestos en los hombres, los cuales somos como la flor del campo que hoy muestra toda su belleza y a la mañana siguiente está marchita, sino que tenía sus ojos puestos en aquel que tiene el dominio sobre todas las cosas. ¡David tenía la confianza de que Dios estaba a su lado!

Entonces, ¿cuál es la moraleja? Como dijo el antiguo predicador: "El fin de este asunto en el cual se ha escuchado todo es: Teme, pues, a Dios y cumple sus mandamientos porque esto es el todo del hombre. Pues Dios juzgará toda obra, buena o mala, aun la realizada en secreto". Eclesiastés 12:13-14.

¿Cuál es entonces nuestro refugio? ¿Huiremos como las aves? Jesús dijo a los que habían creído en Él:

"Si ustedes permanecen en mi Palabra, serán verdaderamente mis discípulos, y conoceréis la verdad y la verdad os hará libres" Juan 8:31-32.

Reflexiones para Venezuela

Una misión para aquellos llamados cristianos

Cuentan las sagradas escrituras que pasando Jesús junto al mar de Galilea vio a Pedro y a su hermano Andrés echando la red al mar, y les dijo: "Venid en pos de mí, y os haré pescadores de hombres". Mateo 4:19. Esta invitación hecha al comienzo de su ministerio contiene un principio básico y fundamental de la doctrina cristiana. Dios quiere que aquellos que hemos sido pescados por Él, nos convirtamos a su vez en pescadores de hombres. Como dice el Reverendo Olson: "Que nuestras vidas se conviertan en la buena carnada que otros puedan comer para conocer al cristianismo".

Nos hemos llamado una nación cristiana, sin embargo, en la práctica parece que esto ha sido más tradición que convicción. Nuestro proceder ha estado bastante alejado de lo que debería caracterizar a una persona que ostenta este nombre. Y lo digo de esta manera, porque estoy convencida de que Jesús no vino a este mundo a traer una religión, Él vino a enseñarnos a tener una relación de amistad con Dios. Así pues, que no pensemos en denominaciones, pensemos que esta misión es para todos los que creemos que Cristo es Dios, el Salvador del mundo.

Pero ¿Cómo es eso de convertirnos en pescadores de hombres? ¿Cómo podríamos atraer a otros para que crean en Jesús? No hay otra forma sino siendo imitadores de Él, es decir, haciendo lo que Él hacía y viviendo de acuerdo a los principios cristianos.

Un día estando Jesús en la sinagoga le tocó leer del libro de Isaías las siguientes palabras: "El Espíritu del Señor está sobre mí, por cuanto me ha ungido para dar buenas nuevas a los pobres; me ha enviado a sanar a los quebrantados de corazón, a pregonar libertad a los cautivos y vista a los ciegos, a poner en libertad a los oprimidos y a predicar el año agradable del Señor". San Lucas 4:18. Al terminar de leer, les dijo a todos que ese día se había cumplido esa escritura delante de todos ellos. Él era a quien el Espíritu de Dios había enviado.

Hoy somos tú y yo, los que nos llamamos cristianos, a quienes Dios envía con la misma misión de Jesús. En esta nación marcada por el odio, abatida por la maldad, golpeada por la mentira. ¿Dónde están aquellos que profesan la fe cristiana? ¿De qué lado estamos los que cada domingo asistimos a las diferentes iglesias que profesan la fe en Cristo? ¿Estamos igualmente contaminados por el odio, llenos de toda suerte de sentimientos adversos, olvidados de nuestra misión fundamental, con la fe dormida?

Si abres tu corazón al Señor, Él te dará las buenas nuevas que difícilmente encontrarás en los periódicos;

sanará tu corazón quebrantado por cualquier dolor, te sacará del cautiverio donde has permanecido por tanto tiempo; le dará luz a tus ojos para que veas una nueva vida aun en medio de la oscuridad; te dará libertad en medio de la opresión y te acogerá en sus brazos como hijo.

Si vienes a Él tu vida hablará con más fuerza que tus palabras. No tendrás temor porque el perfecto amor de Dios echa fuera el temor. Aunque a tu alrededor haya oscuridad, la luz de Cristo brillará para ti. Tu vida no dependerá de las circunstancias azarosas de una nación, sino que estará confiada en las manos de nuestro amado Señor. Él te responderá y nunca te dejará caído, sino que te levantará y te dará una vida de paz en medio de la tormenta. Entonces, ya no serás más instrumento del odio o del dolor sino que en sus manos cumplirás con la más noble misión de tu vida. La misión de un verdadero cristiano:

"**...Dar buenas nuevas a los pobres; sanar a los quebrantados de corazón, pregonar libertad a los cautivos, dar vista a los ciegos, poner en libertad a los oprimidos y predicar el año agradable del Señor.**"
Isaías 61:1-3.

Una misión para aquellos llamados cristianos

"Nada, excepto La Palabra de Dios, debería usarse en cuanto a la Salvación de las almas..."
Martín Lutero.

"Nadie pierda la fe en cuanto a que Dios quiere usarlo para ello..."
Martín Lutero.

"La obra de Amor más grande y elevada de un cristiano, es conducir a otros a creer en Jesucristo..."
Martín Lutero.

"... se han escrito para que creáis que Jesús es el Cristo, el Hijo de Dios, y para que creyendo, tengáis Vida en su Nombre."
Juan 20:31

"Porque no me avergüenzo del Evangelio porque es poder de Dios para Salvación a todo aquel que cree..."
Pablo de Tarso
Romanos 1:16

Reflexiones para Venezuela

Creados con un propósito

Según el existencialismo del siglo XX, vivimos en un mundo carente de algún sentido o finalidad en sí mismo, habitamos un universo sin Dios, y solo poseemos una vida fugaz, tras la que no hay nada más. Heidegger, el máximo representante de esta corriente filosófica expresaba: "Continuamente nos vemos obligados a encarar un más que incierto futuro tomando decisiones sin saber exactamente qué consecuencias tendrán, de ahí que nuestra existencia se vea continuamente asediada por la culpa y la ansiedad, sobre todo a la hora de afrontar la muerte". Según él, nuestras vidas no son más que un absurdo cuyo único sentido es el que queramos darle nosotros mismos.

Aunque estoy de acuerdo con Heidegger en cuanto a que somos responsables por el sentido que le damos a nuestras vidas, creo profundamente que cuando carecemos de la visión de la trascendencia de nuestras almas, ese sentido que pudiéramos lograr darle a nuestras vidas corre el riesgo de desvanecerse. Y esta es la razón por la cual muchos han vivido, y están viviendo sus vidas sin ningún propósito, sin un norte, sin un camino que seguir. Es así como vemos diversas actitudes al darle la cara a la vida, que al final solo dejan sentimientos profundos de frustración. Unos van detrás de los apetitos de su carne, y piensan que es necesario "vivir intensamente" porque "la vida es una sola y hay que vivirla". Otros, viven encerrados en sí mismos, a pesar de estar rodeados de millones, incapaces de establecer vínculos y compromisos con otros seres humanos, por el miedo al dolor, la decepción y la culpa o por el monstruo del egoísmo que cada día nos agobia a todos como sociedad. Más aun, hay otros que simplemente viven la vida de un día tras otro con la tristeza y la soledad inmensa del ser humano alejado de Dios.

¿Realmente podría este Universo el cual continuamente nos sorprende con la perfección de su creación, ser tan solo un producto del azar? ¿O acaso, es solo la Tierra una industria productora de seres humanos con un ciclo de vida, y nada más? ¿Podría el producto de un hecho azaroso mostrar tanta inteligencia? Nuestro planeta nos muestra como en él cada ser, cada cosa, tienen en sí mismos un propósito, que se conecta con el propósito más elevado de sustentar la vida. La verdad es que a lo largo de la historia muchos han tratado de encontrar una explicación, una respuesta a las clásicas interrogantes de: ¿Por qué estamos aquí? y ¿Cuál es nuestro destino después de la muerte? El hombre ha tratado de erigirse a sí mismo como el máximo exponente de la creación, lo cual ciertamente es, pero alejado de la concepción de Dios. Quizá porque en la complejidad del Universo, la idea de Dios le ha parecido demasiado simple para considerarla. O quizá porque se ha sentido demasiado grande e importante en la conducción del planeta, y se ha hecho a sí mismo su propio dios, creando un caos del cual él es la principal víctima.

Sin embargo, cuando nos remitimos a la Biblia en el Génesis leemos como fue el proceso de la creación, vemos una y otra vez que se repite la frase: **"Y vio Dios que era bueno"**, y más adelante, **"Y que era bueno en gran manera"**. Génesis 1: 31. Sí, porque todo lo que Dios creó es real y maravillosamente bueno, pero nosotros, los seres humanos, hemos transformado muchas cosas buenas en horrores, superando nuestra propia capacidad de asombro ante la maldad que hemos creado. Ciertamente, en nuestra búsqueda hemos creído que la sencillez con que se nos presenta Dios, lo reduce y lo aleja de la complejidad de su creación. Pero Dios y su propósito para con el hombre se reducen a la sencilla historia de la cruz del calvario; en la cual un hombre llamado Jesús de Nazaret dio su vida por todos y cada uno de nosotros (Juan 3:16), y en su cuerpo llevó todos nuestros pecados; pagando con su muerte nuestra liberación (Isaías 53:5). Más aun, no solo murió sino que también resucitó (Marcos 16:6) y venció la muerte para mostrarnos su deidad, para mostrarnos la trascendencia de la vida, la cual en Dios tiene un propósito que va más allá de sí misma y nos abre la puerta de la eternidad.

La grandeza del conocimiento del propósito de Dios a través de su Palabra, la Biblia, es precisamente que nos libera de las cadenas que nos atan a una vida sin sentido. Porque en Dios somos todos seres especiales, creados para un propósito en su reino. ¡Y en el reino de Dios no hay accidentes! Tú y yo estuvimos en el pensamiento de Jesús en su crucifixión y estamos hoy en el pensamiento de Dios. Tu eres valioso (a) para Dios, tu vales la sangre de su hijo Jesucristo. Él te ve a través de su hijo, y en su hijo Él te ama y te invita a cumplir su propósito en ti a través de su gracia.

Amo ese versículo que dice: **"El Señor cumplirá su propósito en mi, tu misericordia Oh Dios es para siempre, no desampares la obra de tus manos".** Y cada día de mi vida me llena de inspiración su fidelidad. Él jamás abandonará la obra de sus manos. Tan solo respetará tu libre albedrío para tomar la decisión de abrirle la puerta de tu corazón, y cuando se la abras descubrirás una vida plena, aun en medio de la aflicción del mundo, y sobre todo, sabrás que:

No eres un producto del azar de la naturaleza, estas aquí con un propósito que cumplir.

Reflexiones para Venezuela

Una oración que cambió un destino

En el mundo actual de grandes avances tecnológicos, de crisis financieras, de evolución social, del mejoramiento profesional y la superación personal en búsqueda del éxito, el hablar de la oración y su inmenso poder para cambiar nuestros destinos no es un tema que ocupe los primeros titulares de la prensa, ni por el cual entrevisten a mucha gente en los diversos programas de televisión. En nuestro mundo actual son muy pocos los que piensan que Dios puede cambiar sus destinos y ayudarles a transformar las situaciones que enfrentan. Sin embargo, son muchos los que pueden dar testimonio de cómo sus destinos han sido cambiados bajo la bendición de la mano de Dios.

En la Biblia, enclavada en medio de una larga lista genealógica, encontramos una oración que ha inspirado a muchos, tanto judíos como cristianos, a lo largo de la historia. Esta es la oración de un hombre llamado Jabés, cuya única descripción expresada en las escrituras, es que era un hombre "ilustre", literalmente, "que era más ilustre que sus hermanos". Además, nos revelan unos pocos versículos que Jabés fue llamado con este nombre, cuyo significado es "pena o dolor", porque su madre lo dio a luz con mucho dolor. Entonces, un buen día Jabés decidió que no quería vivir bajo el significado de su nombre sino

Una oración que cambió un destino

que quería estar bajo la bendición de Dios y oró de esta manera: **"Oh Dios, dame tu bendición. Ensancha mi territorio. Que tu mano sea sobre mi, y me libres del mal, para que no me haga daño."** (I Crónicas 4:9-10). Pero, en mi opinión, lo más extraordinario en esta historia son las palabras a continuación de la oración de Jabés: **"Y Dios le otorgó lo que pidió"**.

¿Cuál es exactamente el poder de la oración de Jabés? ¿Cuál fue su secreto al comunicarse con Dios para que la Biblia lo resuma todo diciendo: "Y Dios le otorgó lo que pidió". Una oración es una expresión de nuestra dependencia de Dios. Es una expresión del reconocimiento de nuestras limitaciones y, al mismo tiempo, una expresión del reconocimiento del poder infinito de Dios. Cuando Jabés oró, esa sencilla y corta oración, estaba expresando su deseo de estar bajo la mano de Dios. Él anhelaba ser bendecido de acuerdo a los términos de Dios. Él honró a Dios con su fe y Dios se agradó de él y lo bendijo.

El destino de Jabés estaba predeterminado por el significado de su nombre. Su nombre le recordaría todos los días de su vida a su madre del dolor que le había causado su nacimiento. Pero Jabés no se conformó con vivir una vida de pena; él trascendió las barreras de su vida reconociendo que por encima de todo, si la bendición de Dios estaba sobre él, su destino sería diferente. Él entendió que Dios es suficientemente grande para cambiar las circunstancias. Entendió que lo que manos humanas no pueden cambiar, la mano de Dios puede transformar totalmente. Y con esta corta oración llegó al corazón de Dios.

Quizá tu estés enfrentando alguna situación difícil en tu vida. Quizá estés pasando por la ruptura de un matrimonio, por la angustia de una enfermedad, por la lucha desgastada con alguna adicción. Quizá estés en medio de un revés financiero, o la soledad sea tu compañera más cercana. Quizá no puedas comunicarte con los seres que más ama tu corazón. O quizá todo esté "bien" en tu vida, pero anheles algo más allá de tu rutina diaria. Quizá quieras poder desarrollar tu potencial como ser humano más allá de la conformidad de tus límites impuestos. Cualquiera que sea tu situación, con plena certeza y en humildad de corazón, te digo hoy que una oración de fe puede transformar tu vida y determinar un destino lleno de paz, de amor y de prosperidad para ti.

Muchas veces entregamos nuestras vidas a algo que no significa nada mientras ignoramos lo que significa todo.

Una oración que cambió un destino

La oración

Isidro Menéndez

Rosalía Moros de Borregales

www.ingramcontent.com/pod-product-compliance
Lightning Source LLC
Chambersburg PA
CBHW071304110426
42743CB00042B/1168